外国知识产权法律译丛

加拿大版权法

易健雄◎译

知识产权出版社

全国百佳图书出版单位

图书在版编目（CIP）数据

加拿大版权法/易健雄译. —北京：知识产权出版社，2017.1

ISBN 978-7-5130-4750-0

Ⅰ.①加… Ⅱ.①易… Ⅲ.①版权—研究—加拿大 Ⅳ.①D971.13

中国版本图书馆 CIP 数据核字（2017）第 023358 号

内容提要

本书为加拿大版权法 2016 年 8 月 1 日最新修订版的中文译本。

读者对象：知识产权领域从业人学、高校法学院师生。

责任编辑：卢海鹰　王玉茂　　　　　　　**责任校对：王　岩**

版式设计：王玉茂　　　　　　　　　　　**责任出版：刘译文**

外国知识产权法律译丛

加拿大版权法

JIANADA BANQUANFA

易健雄　译

出版发行：知识产权出版社 有限责任公司	网　　址：http://www.ipph.cn
社　　址：北京市海淀区西外太平庄 55 号	邮　　编：100081
责编电话：010-82000860 转 8122	责编邮箱：wangyumao@cnipr.com
发行电话：010-82000860 转 8101/8102	发行传真：010-82000893/82005070/82000270
印　　刷：北京科信印刷有限公司	经　　销：各大网上书店、新华书店及相关专业书店
开　　本：880mm×1230mm　1/32	印　　张：6.5
版　　次：2017 年 1 月第 1 版	印　　次：2017 年 1 月第 1 次印刷
字　　数：170 千字	定　　价：30.00 元

ISBN 978-7-5130-4750-0

译者简介

易健雄，法学博士，西南政法大学副教授、硕士生导师、知识产权研究中心副主任。早年曾在基层法院从事过五年民事案件的审判工作，任教之初曾在重庆市高级人民法院挂职锻炼，从事过一年知识产权案件的审判工作，后又在最高人民法院中国应用法学研究所从事博士后研究工作，期间受国家留学基金委公派至加拿大渥太华大学访问学习一年。现为西南政法大学专职教师。

出版说明

知识产权出版社有限责任公司自成立以来一直秉承"为知识产权事业服务、为读者和作者服务、促进社会发展和科技进步"的办社宗旨，竭诚为知识产权领域的行政管理者、高校相关专业师生、法律实务工作者以及社会大众提供最优质的出版服务。

为满足国内学术界、法律实务界对相关国家知识产权法律的了解、学习及研究需求，知识产权出版社有限责任公司组织国内外相关法学知名学者翻译出版了这套"外国知识产权法律译丛"，涉及的外国法律主要包括美国、德国、日本、俄罗斯、韩国等国家的最新专利法、商标法、著作权法。陆续出版的相关法律（中文译本）包括：《外国专利法选译》《日本商标法》《日本著作权法》《美国专利法》《美国商标法》《美国著作权法》《德国著作权法》《德国商标法》《俄罗斯知识产权法》《韩国商标法》《菲律宾知识产权法典》等，其他具有代表性的国家或洲际的知识产权法律中译本《美日欧韩外观设计法规汇编》《阿拉伯国家知识产权法典汇编》《加拿大版权法》也即将出版。

真诚期待各位读者对我们出版的本套丛书提出宝贵意见。

知识产权出版社有限责任公司
2017 年 1 月

加拿大版权法介绍[*]

　　长期以来，版权问题被视为加拿大政府最困难且最不讨好的政策问题之一。它吸引了包括创作者、消费者、经营者、教育工作者等在内的众多利益相关者的热切目光，也受到来自美国的巨大政治压力。意见分歧如此之大，以至于立法改革似乎总是最后的措施，只有经历数月之迁延才能达成。

　　近些年来，由于加拿大政府进行创新改革，创设了以某些独特条款为特征的版权法，因此其版权法律吸引了全球的目光。不仅如此，加拿大最高法院也发布了不少解释版权法律的裁决，这些裁决为使用者权利以及版权灵活性设立了新标准。确切地说，加拿大最高法院强调，版权的"过度保护"就像"保护不足"一样，也会带来各种弊端。

　　现行《加拿大版权法》反映了 2012 年修订该法时的主要变化。这次修订所涉事项涵盖了各个行业的改革，几乎关涉所有人：表演者和摄影者的新权利、加拿大广播组织的新例外、BitTorrent 搜索服务的新责任，还有诸如录制电视节目，将歌曲从 CD 转换至 iPod 等普通消费者行为的合法化。事实上，甚至还存在一个"YouTube"用户生成内容的混合例外，该例外授予了加拿大人在特定条件下出于非商业目的创造混合作品（remixed work）的权利。

　　加拿大政府在很多领域促成了真诚的妥协，包括改革了加拿大的合理使用条款。合理使用条款使版权作品得以不经许可而被

---

　　* 译者在渥太华大学的学习指导教师迈克尔·盖斯特（Michael Geist）教授应邀撰写了该介绍，作为《加拿大版权法》中译本序言，也便于读者更好地了解该法。在此向盖斯特教授表示感谢。该介绍原文为英文，由易健雄译为中文。

使用。加拿大政府既拒绝了不作改变的请求，也拒绝了设立灵活的合理使用条款的主张——该主张将为法院在研究、个人学习、新闻报道、批评和评论等现有的合理使用类型之外增设例外开启大门。加拿大政府代之以确认一些特定的新例外，这些新例外有助于创造者（戏仿和讽刺）、教育工作者（教育例外、教育互联网络例外）和消费者（错时、格式转换、备份）。

网络服务提供者的责任同样代表了一种妥协。加拿大政府保留了"通知-反通知"制度，该制度要求网络服务提供者向用户转交侵权声明。尽管对网络服务提供者来说，该制度成本不菲，但其已被证明在遏制侵权方面颇有成效。

在法定赔偿规则方面同样存在妥协。原法定赔偿规则有导致非商业侵权情形下赔偿数百万加元的风险。新规则将非商业侵权赔偿责任减至从 100 加元到 5000 加元的幅度，该数额并非无足轻重，但大幅低于 20000 加元的赔偿数额。在法律上每一次商业性侵权的法定赔偿上限是 20000 加元。

该法现在还包括了反规避条款。这些条款——被广泛地称为数字锁规则——基于数字锁可于任何时候使用的基本原则而于 2012 年设立，几乎凌驾于所有其他权利之上。数字锁规则甫一出台即成为公共讨论的首要关注点，受到了所有反对党以及众多的公共利益、教育团体的批评。

加拿大版权法律同时也具有司法裁决的功能。通常每隔几年才会有版权案件诉至加拿大最高法院，以此确保每一个案件都能得到审慎的分析和解释。2012 年 7 月 12 日，加拿大最高法院在同一天裁决了 5 个版权案件，这一史无前例的纪录撼动了加拿大版权法律的根基。事实上，这些裁决在加拿大政府通过其迁延多时的版权改革立法数周之后即作出，加拿大版权法律经历的剧变需要多年的梳理。

加拿大版权共同体旋即开始讨论这些判决所具有的更大的影响。一些问题迅速浮出水面。首先，这些案件毫不含糊地确认，诸如合理使用等版权例外应当被视为使用者的权利。加拿大最高法院于 2004 年首次提出平衡创作者权利与使用者权利的观点。出版者和创作者团体曾强烈要求加拿大最高法院撤回其使用者权利的观点，宣称那不过是个比喻。然而，加拿大最高法院通过这些案例再次强调了使用者权利的重要性。关于使用者权利的分析影响了几乎所有的版权案件，促使所有法院确保在创作者利益和使用者利益之间维持一个合理的平衡。

其次，加拿大最高法院赞同对版权法律适用技术中立原则。例如，在驳回向包含在所下载视频游戏中的音乐收费的请求时，加拿大最高法院指出"在商店里购买作品的耐用复制品与通过邮寄接收复制品或者使用互联网下载同一复制品之间，不存在实际的差别"。相反，加拿大最高法院将互联网比作"技术上的出租车"并警告说，因下载复制品而收取额外费用违反了技术中立原则。该院宣称："技术中立原则要求，若无议会具有相反意图的证据，我们须以如下方式解释《加拿大版权法》：避免仅因作品交付给终端使用者的方式不同而施加额外的保护与收取额外的费用。"

通过这样做，加拿大最高法院成功地将技术中立原则嵌入远超这些特定案件的版权法律中。未来的立法者无疑将主张，为确保技术中立，现有的例外可适用于版权作品的新用途。

最后，加拿大最高法院通过对合理使用加以宽泛与自由的解释，持续扩大了合理使用的范围。在贝尔案中，贝尔公司和苹果公司主张 30 秒的歌曲预听可被视为消费者研究而属于合理使用，加拿大最高法院同意该主张，断言："限制创造性目的的研究同样与'研究'的一般含义相悖，该含义可以包括许多不要求加入新元素或者得出结论的活动。它可以是零碎的、随意的、探索性的或者验证性的。事实上，它可以没有特别目的而只是出于个人兴趣。"❶

❶ *Society of Composers*，*Authors and Music Publishers of Canada v. Bell Canada*，2012 SCC 36，［*Bell*］，at para. 22.

同样，在阿尔伯塔（教育）案中，加拿大最高法院通过裁决个人学习（另一种合理使用的类型）可以包括教师授课且"不能将个人学习理解为要求使用者在极端孤立的环境中评议版权作品"，对个人学习作了扩张性解释。❶ 这些判决为合理使用划出了非常宽泛的范围，使得合理使用可为众多的经营者和教育团体提供正当化理由：对版权材料的创造性使用因属于合理使用而不用寻求事前许可或者给予补偿。

伴随着全面的改革和众多加拿大最高法院解释版权法律的裁决，《加拿大版权法》成为大量学术和司法讨论的根源。鉴于世界各国都在设法保持各自的版权平衡，加拿大法律可以作为应对新兴的数字环境而设计创新性立法措施的重要示范和源点。

迈克尔·盖斯特（Michael Geist）
加拿大网络与电子商务法研究主席
渥太华大学法学院教授
加拿大渥太华
2014 年 11 月

---

❶ *Alberta（Education）v. Canadian Copyright Licensing Agency（Acess Copyright）*，2012 SCC 37，［*Alberta（Education）*］，at para. 27.

编纂成文法的官方地位

《立法修订和编纂法》第 31 条第（1）款和第（2）款自 2009 年 6 月 1 日起施行，规定如下：

公布的编纂成文法是该法的表现

31.（1）经部长依照本法以印刷或者电子形式公布的编纂成文法或者规章的副本，均系该成文法或者规章以及其内容的表现；如无相反显示，经部长表示即将公布的副本，视为将依此公布。

法律文本的不一致

（2）经部长依照本法公布的编纂成文法与经议会书记官依照《成文法发布法》核准的成文法原件或者后续修正案不一致的，以成文法原件或者修正案为准。

声　明

本编纂成文法截至 2016 年 8 月 1 日。最近的修正案自 2016 年 6 月 22 日起施行。截至 2016 年 8 月 1 日，尚未生效的修正案被称为"尚未生效的修正案"，置于本文件末尾。

《加拿大版权法》所涉法律文件列表 *

序号	法律文件	译名
1	*Legislation Revision and Consolidation Act*	《立法修订和编纂法》
2	*Publication of Statutes*	《成文法发布法》
3	*Statutes of the United Kingdom*，1842	1842 年《联合王国成文法》
4	*Revised Statutes of Canada*，1906	1906 年《加拿大成文法修正案》
5	*Convention for the Protection of Literary and Artistic Works*，*Berne Convention*	《保护文学和艺术作品公约》，简称《伯尔尼公约》
6	*International Convention for the Protection of Performers*，*Producers of Phonograms and Broadcasting Organisations*	《保护表演者、录音制品制作者和广播组织国际公约》，简称《罗马公约》
7	*Universal Copyright Convention*	《世界版权公约》
8	*WIPO Copyright Treaty*	《世界知识产权组织版权条约》
9	*WIPO Performances and Phonograms Treaty*	《世界知识产权组织表演和录音制品条约》

---

* 该法律文件列表为译者补充。——译者注

序号	法律文件	译名
10	*Marrakesh Treaty to Facilitate Access to Published Works for Persons Who Are Blind，Visually Impaired or Otherwise Print Disabled，Marrakesh Treaty*	《关于为盲人、视力障碍者或其他印刷品阅读障碍者获得已出版作品提供便利的马拉喀什条约》，简称《马拉喀什条约》
11	*North American Free Trade Agreement*	《北美自由贸易协定》
12	*World Trade Organization Agreement Implementation Act*	《世界贸易组织协定执行法》
13	*Industrial Design Act*	《工业设计法》
14	*Integrated Circuit Topography Act*	《集成电路拓扑图法》
15	*Privacy Act*	《隐私法》
16	*Competition Act*	《竞争法》
17	*Broadcasting Act*	《广播法》
18	*Exemption Order for New Media Broadcasting Undertakings*	《新媒体广播事业豁免令》
19	*Radiocommunication Act*	《无线电信法》
20	*Access to Information Act*	《获取信息法》
21	*Cultural Property Export and Import Act*	《文化财产进出口法》
22	*Library and Archives of Canada Act*	《加拿大国家图书馆和档案馆法》
23	*Immigration and Refugee Protection Act*	《移民和难民保护法》
24	*Public Service Employment Act*	《公共服务就业法》
25	*Public Service Labour Relations Act*	《公共服务劳资关系法》

序号	法律文件	译名
26	*Public Service Superannuation Act*	《公共服务养老金法》
27	*Aeronautics Act*	《航空法》
28	*Customs Act*	《海关法》
29	*Customs Tariff*	《海关税则》
30	*List of Tariff Provisions*	《税则目录》
31	*Criminal Code*	《刑事法典》

目　　录

第2章　表演者的表演、录音、通信信号的版权和表演者的表演的精神权利 // 22

第3章 对版权和精神权利的侵害及其例外 // 40

目

录

第4章　救济 // 86

第5章　行政管理 // 125

第6章 其他规定 // 132

第7章 版权委员会和版权集体管理 // 137

第8章 私人复制 // 159

第9章　一般规定 // 169

R. S. C. ，1985，c. C-42

关于版权的法律

简　称

简称

1. 本法可引称为《版权法》。

R. S.，c. C-30，s. 1.

释　义

定义

2. 本法中，

"建筑作品"是指任何建筑物、构筑物或者建筑物、构筑物的模型；

"建筑艺术作品"［已废止，1993，c. 44，s. 53］；

"艺术作品"包括绘画、图纸、地图、图表、设计图、照片、雕刻、雕塑、美术工艺品、建筑作品以及艺术作品的汇编；

"《伯尔尼公约》成员国"是指于1886年9月9日在伯尔尼缔结的《保护文学艺术作品的公约》或者包括1971年巴黎文本在内的该公约的任一修订本的成员国；

"委员会"是指根据第66条第（1）款设立的版权委员会；

"图书"是指以印刷形式呈现的一册书，或者一册书的部分或分册，但不包括

（a）小册子，

（b）报纸、评论、杂志或者其他期刊，

（c）单独出版的地图、图表、设计图或者散页乐谱，

（d）附随产品或者作为服务附件的说明书或者维修手册；

"广播组织"是指广播事业运营中，依据其广播事业运营所在国的法律，播放通信信号的机构，但不包括以转播通信信号业务为主的机构；

"舞蹈作品"包括任何舞蹈编排艺术作品，无论其有无故事情节；

"电影放映机"〔已废止，1997，c.24，s.1〕；

"电影作品"包括任何以类似摄制电影的方法表达的作品，无论其有无伴音；

"集体组织"是指代表权利人利益，开展版权集体管理业务或者第19条、第81条所赋予的获得报酬权业务的社团、协会或者公司，其通过权利人委托、许可授权、指定其为代理人或者其他方式，有权就该集体管理代表权利人行事，并可

（a）执行许可方案，该方案适用于涉及2名以上的作者、表演者、录音制作者或者广播组织的所有的作品、表演者的表演、录音或者通信信号，该社团、协会或者公司可在本法规定的范围内根据该许可方案设定其授权使用的种类及其版权许可费和条件，或者

（b）依据本法规定开展版权许可费或者税款的收取与分配业务；

"集合作品"是指

（a）百科全书、词典、年鉴或者类似作品，

（b）报纸、评论、杂志或者类似期刊，以及

（c）由不同作者创作不同部分的任何作品，或者包含不同作者的作品或者作品片段的任何作品；

"通过商业途径获得"是指作品或者其他客体，

（a）通过适当努力，在合理期限内以合理价格从加拿大市场

获得，或者

（b）通过适当努力，在合理期限内以合理价格从集体组织获得复制、公开表演、通过远程通信向公众传播的许可；

"通信信号"是指未经任何人工干预，通过空间传播被公众接收的无线电波；

"汇编作品"是指

（a）因选择或者编排文学、戏剧、音乐、艺术作品或者其片段而形成的作品，或者

（b）因选择或者编排数据而形成的作品；

"计算机程序"是指为了得到特定结果，以任何直接或者间接的方式表达、固定、体现或者存储在计算机中的指令序列或语句序列；

"版权"是指下列规定中的权利：

（a）第 3 条对作品的规定，

（b）第 15 条、第 26 条对表演者的表演的规定，

（c）第 18 条对录音的规定，或者

（d）第 21 条对通信信号的规定；

"国家"包括所有领土；

"被告"包括申请的答辩人；

"交付"〔已废止，1997，c. 24，s. 1〕；

"戏剧作品"包括：

（a）朗诵、舞蹈作品、哑剧以及以书面或者其他方式固定的舞台布景、表演形式，

（b）电影作品，

（c）戏剧作品的汇编；

"教育机构"是指

（a）经议会或者省级立法机关法律许可或者认证的，提供学前教育、初级教育、中等教育或者高等教育的非营利性机构，

（b）根据省级立法机关法律由教育委员会直属或者管理的，

提供继续教育、专业教育、职业教育或者业务培训的非营利性机构，

（c）管理监督（a）项、（b）项中提及的教育或者培训的各级政府部门、机构以及非营利性机构，或者

（d）规章规定的其他非营利性机构；

"雕刻"包括蚀刻、石刻、木刻、孔版以及其他类似作品，照片除外；

"所有独创的文学、戏剧、音乐、艺术作品"包括文学、科学和艺术领域内所有独创的产品，无论其表达方式或者形式如何，例如汇编作品、图书、小册子及其他著作，演说、戏剧或者音乐剧作品，音乐作品，翻译作品，插图，示意图以及与地理、地形、建筑或者科学相关的造型作品；

"独占发行者"是指，就某图书而言，某人

（a）于本定义生效之前或之后，经该图书在加拿大的版权人或者独占被许可人的书面授权，

（i）成为该图书在加拿大或者加拿大某地区的唯一发行者，或者

（ii）就特定的市场领域成为该图书在加拿大或者加拿大某地区的唯一发行者，以及

（b）符合依据第2.6条所定规则设立的标准，

为进一步明确，如果未依据第2.6条制定规则，则无人可以成为本定义的"独占发行者"；

"女王陛下的领土和属地"［已废止，1997，c.24，s.1］；

"侵权"是指

（a）违反本法规定，制造或者销售受版权保护的作品复制品，包括仿制品，

（b）违反本法规定，制造或者销售受版权保护的表演者的表演的录制品或者录制品的复制品，

（c）违反本法规定，制造或者销售受版权保护的录音的复制

品，或者

（d）违反本法规定，制造或者销售受版权保护的通信信号的录制品或者录制品的复制品。

本定义包括第 27 条第（2）款（e）项、第 27.1 条规定情形中的进口复制品，但不包括经复制品制造地所属国的版权人同意而制造的复制品；

"演说"包括演讲、讲话和布道；

"合法代表"包括继承人、遗嘱执行人、遗产管理人、继任者和受让人、经书面正式授权的代表人或者代理人。

"图书馆、档案馆或者博物馆"是指

（a）保存与收藏向公众或者研究人员开放的文献资料和其他资料的独立或者非独立机构，该机构不因营利而建立或者经营，且不属因营利而建立或者经营机构的组成部分，也不受其管理或者直接、间接控制，或者

（b）规章规定的其他非营利性机构；

"文学作品"包括表格、计算机程序以及文学作品的汇编；

"制作者"是指

（a）电影作品制作中，为制作电影而作必要安排者，或者

（b）录音制作中，为首次录制声音而作必要安排者；

"部长"是指工业部部长，第 44～44.12 条除外；

"精神权利"是指第 14.1 条第（1）款和第 17.1 条第（1）款规定的权利；

"音乐作品"是指带词或者不带词的音乐作品或者乐曲，包括其汇编作品；

"知觉障碍"是指令人不能阅读或者听见原始形式的文学、音乐、戏剧或者艺术作品的先天性或者后天性障碍，包括由下列原因引起的障碍：

（a）视力或者听力严重受损或者完全丧失，或者眼睛无法聚焦或者转动，

（b）无力拿住或者操作一本图书，

（c）理解力受损；

"表演"是指作品、表演者的表演、录音或者通信信号的听觉或者视觉表现，包括借助任何机械器具、无线电接收装置或者电视接收装置完成的表现；

"表演者的表演"是指由表演者完成的下列行为：

（a）艺术作品、戏剧作品或者音乐作品的表演，无论该作品是否以某种物质形式在先固定，也无论依据本法其版权保护期限是否已经届满，

（b）文学作品的朗诵或者朗读，无论依据本法该作品的版权保护期限是否已经届满，

（c）戏剧作品、音乐作品或者文学作品的即兴表演，无论该即兴作品是否以现有作品为基础；

"照片"包括光刻图片以及以类似摄影的方法表达的作品；

"原告"包括申请者；

"印版"包括：

（a）用于或意图用于印制或者复制作品的铅版或者其他平版、石版、砧版、模子、模具、转印图案和底版，

（b）用于或试图用于制作或者复制录音、表演者的表演或者通信信号的模具或者其他装置；

就教育机构而言，"场所"是指受教育机构管理或者监督，提供"教育机构"定义中的教育或者培训的地点；

"接收设备"［已废止，1993，c.44，s.79］；

"《罗马公约》成员国"是指于1961年10月26日在罗马缔结的《保护表演者、录音制品录制者与广播组织的国际公约》的成员国；

"雕塑"包括铸件和模型；

"录音"是指以某种物质形式固定的声音记录，无论其是否为作品的表演，但不包括伴随在电影作品中的配音；

"远程通信"是指通过有线、无线、可视、光纤或者其他电磁系统传送符号、信号、文字、图像、声音或者任何性质的信息；

"条约成员国"是指《伯尔尼公约》成员国、《世界版权公约》成员国、《世界知识产权组织版权条约》成员国或者世界贸易组织成员；

"《世界版权公约》成员国"是指于 1952 年 9 月 6 日在瑞士日内瓦缔结的《世界版权公约》或者其 1971 年 7 月 24 日法国巴黎修订文本的成员国；

"《世界知识产权组织版权条约》成员国"是指于 1996 年 12 月 20 日在日内瓦缔结的《世界知识产权组织版权条约》的成员国；

"作品"包括作品的原创、独特的标题；

"合作作品"是指两人以上合作创作、作者对作品的贡献不可分割的作品；

"雕塑作品"［已废止，1997，c. 24，s. 1］；

"《世界知识产权组织表演和录音制品条约》成员国"是指于 1996 年 12 月 20 日在日内瓦缔结的《世界知识产权组织表演和录音制品条约》的成员国。

"世界贸易组织成员"是指《世界贸易组织协定执行法》第 2 条第（1）款所定义的世界贸易组织成员。

R. S.，1985，c. C-42，s. 2；R. S.，1985，c. 10（4th Supp.），s. 1；1988，c. 65，s. 61；1992，c. 1，s. 145（F）；1993，c. 23，s. 1，c. 44，ss. 53，79；1994，c. 47，s. 56；1995，c. 1，s. 62；1997，c. 24，s. 1；2012，c. 20，s. 2；2014，c. 3，s. 2.

汇编作品

2.1（1）包含两种以上文学、戏剧、音乐、艺术作品类型的汇编作品，视为构成其最重要组成部分的作品类型的汇编。

（2）本法对作品版权与精神权利的保护并不仅因作品被汇编

而有所增减或者受到其他影响。

1993，c.44，s.54.

制作者的定义

2.11 为进一步明确，因第 19 条和第 79 条"适格制作者"定义使用了"制作者"术语，第 2 条"制作者"定义（b）项所指安排包括为与表演者签订合同所做安排，为录音中声音的首次录制所做资金安排和技术安排。

1997，c.24，s.2.

发行的定义

2.2（1）就本法而言，"发行"

（a）就作品而言，是指

（i）向公众提供作品复制品，

（ii）建筑作品的建造，

（iii）将艺术作品并入建筑作品，以及

（b）就录音制品而言，是指向公众提供录音的复制品，

但不包括

（c）文学、戏剧、音乐、艺术作品或者录音的公开表演或者通过远程通信向公众传播，

（d）艺术作品的公开展览。

照片或者雕刻的发行

（2）就第（1）款而言，雕塑或者建筑作品的照片或者雕刻的发行不视为雕塑或者建筑作品的发行。

未经版权人许可的情形

（3）就本法而言，出版、公开表演或者通过远程通信向公众传播作品或者其他客体，未经版权人许可的，除侵害版权以外，行为亦属无效。

未发表作品

（4）就未发表作品而言，若其创作历时长久，且作者在其大部分创作期间内，系属本法延伸适用国的属民、公民或者居民，则视为符合本法授予版权的条件。

1997，c.24，s.2.

远程通信

2.3 通过远程通信向公众传播作品或者其他客体的，该行为本身并不构成公开表演，也不视为授权他人公开表演。

1997，c.24，s.2.

通过远程通信向公众传播

2.4（1）就通过远程通信向公众传播而言，

（a）公寓、酒店的房客或者同一建筑物内的住户系属公众成员，以其专门接收为目的的传播构成向公众传播；

（b）仅为他人传播作品或者其他客体提供必要的远程通信手段的，不构成向公众传播该作品或者其他客体；

（c）某主体

（i）系属《广播法》所指网络的组成部分，其运营会导致作品或者其他客体向公众传播，或者

（ii）系属广播事业的组成部分，其运营会导致作品或者其他客体向公众传播，

其通过远程通信传送另一主体向公众传播的作品或者其他客体，且后者不属于第31条第（1）款所指信号转播者的，二者对该作品或者其他客体的传送和传播构成单一的向公众传播行为，就该行为二者承担连带责任。

通过远程通信向公众传播

（1.1）就本法而言，通过远程通信向公众传播作品或者其他客体，包括通过远程通信向公众提供作品或者其他客体，使公众

成员可以在其个人选定的地点和时间获得。

规章

（2）为实施第（1）款（c）项，总督会同枢密院得制定规章以定义"广播事业"。

例外

（3）携带作品的信号是转送给第 31 条第（1）款所指转播者的，该作品未以第（1）款（c）项或者第 3 条第（1）款（f）项规定的方式传播。

1997，c. 24，s. 2；2002，c. 26，s. 1；2012，c. 20，s. 3.

出租的构成要件

2.5（1）就第 3 条第（1）款（h）项、（i）项，第 15 条第（1）款（c）项和第 18 条第（1）款（c）项而言，某项措施，无论其形式如何，当且仅当符合以下要件时，才构成计算机程序或者录音制品的出租：

（a）考虑所有因素后，其实质系属出租；并且

（b）其实施系出于计算机程序或者录音制品出租人整体业务的营利动机。

营利动机

（2）就第（1）款（b）项而言，计算机程序或者录音制品出租人以回收包括管理费用、出租业务相关费用在内的成本为目的的，并不仅因其出租行为而认为其具有从出租业务营利的动机。

1997，c. 24，s. 2.

独占发行者

2.6为实施第 2 条"独占发行者"定义（b）项，总督会同枢密院可制定规章以设立发行标准。

1997，c. 24，s. 2.

独占许可

2.7 就本法而言，独占许可是指排除包括版权人在内的所有其他人，可在版权范围内从事任何行为的授权，该授权由版权人授予或者由独占被许可人依版权人主张。

1997，c. 24，s. 2.

第1章　作品的版权和精神权利

版　权

作品版权

3.（1）就本法而言，作品的"版权"是指以任何物质形式产生、复制作品或者作品实质部分，公开表演作品或者作品实质部分的专有权利，就未发表作品而言，还指发表作品或者作品实质部分的专有权利；包括以下专有权利：

（a）产生、复制、表演以及发表作品的译本，

（b）将戏剧作品转换成小说或者其他非戏剧作品，

（c）以公开表演或者其他方式，将小说或者其他非戏剧作品、艺术作品转换成戏剧作品，

（d）将文学、戏剧或者音乐作品制作成录音制品、电影胶片或者作品得据以机械复制或者表演的其他装置，

（e）复制、改编或者以电影作品形式公开展示文学、戏剧、音乐或者艺术作品，

（f）通过远程通信向公众传播文学、戏剧、音乐或者艺术作品，

（g）以出售和出租以外的目的，在公共展览场所展示1988年6月7日以后创作的艺术作品，地图、图表以及设计图除外，

（h）出租正常使用过程中可被复制的计算机程序，通过其复制品与机器、设备或者计算机一起运行的计算机程序除外，

（i）就音乐作品而言，出租表现音乐作品的录音制品，

（j）就有体物形式的作品而言，以出售或者其他方式转移表现了作品的有体物的所有权，只要该所有权此前没有在版权人授

权下被跨越加拿大国境转移，

以及就以上行为进行授权。

同时固定

（1.1）作品即使在传播的同时被固定，也认为其经第（1）款（f）项规定方式传播后才被固定。

（1.2）～（4）〔已废止，1997，c. 24，s. 3〕，

R. S.，1985，c. C-42，s. 3；R. S.，1985，c. 10（4th Supp.），s. 2；1988，c. 65，s. 62；1993，c. 23，s. 2，c. 44，s. 55；1997，c. 24，s. 3；2012，c. 20，s. 4.

4. 〔已废止，1997，c. 24，s. 4〕

得享版权的作品

享有版权的条件

5.（1）根据本法，所有原创的文学、戏剧、音乐和艺术作品，要在加拿大境内以及下文所述期限内享有版权，须符合下列任一条件：

（a）包括电影作品在内的任何作品，无论发表与否，其作者在该作品创作之日系属条约成员国的公民、属民或者居民；

（b）电影作品无论发表与否，其制作者在该电影作品创作之日，

（i）若系法人，则其总部位于条约成员国境内，

（ii）若系自然人，则属条约成员国的公民、属民或者居民；

（c）包括电影作品在内的已发表作品，

（i）就第2.2条第（1）款（a）项（i）目而言，考虑该作品性质之后，以能够满足公众合理需求的数量，在条约成员国境内首次发表，或者

（ii）就第2.2条第（1）款（a）项（ii）目以及（iii）目而言，在条约成员国境内首次发表。

既往作品的保护

（1.01）就第（1）款而言，某国家在作品创作日或者发表日之后，依其具体情形成为《伯尔尼公约》成员国、《世界知识产权组织版权条约》成员国或者世界贸易组织成员的，根据第（1.02）款和第33条，视为在作品创作或者发表之日已是《伯尔尼公约》成员国、《世界知识产权组织版权条约》成员国或者世界贸易组织成员。

期限

（1.02）某作品在第（1.01）款所指国家的版权保护期于该国家成为《伯尔尼公约》成员国、《世界知识产权组织版权条约》成员国或者世界贸易组织成员之前已经届满的，第（1.01）款不向该作品提供加拿大境内的版权保护。

第（1.01）款和第（1.02）款的适用

（1.03）无论第（1.01）款、第（1.02）款所涉国家是在该两款生效之前或者之后成为《伯尔尼公约》成员国、《世界知识产权组织版权条约》成员国或者世界贸易组织成员，该两款均可适用且视为已经适用。

首次发表

（1.1）第（1）款（c）项（i）目或者（ii）目所规定之首次发表，在条约成员国境内发生之前，事实上曾经在条约成员国境外发生过，两次发表之间隔不超过30日的，视为在条约成员国境内首次发表。

（1.2）不符合第（1）款规定的，不得在加拿大境内享有版权；如下文所规定，本法所提供的保护延伸至本法并不适用的国家的除外。

部长可将版权延伸至其他国家

（2）部长若通过《加拿大公报》刊登公告证明，非条约成员国以条约、公约、协定或者法律，授予或者承诺授予加拿大公民以实质相同于其本国公民所享有的版权中的利益或者实质等同于本法所提供的版权保护，则就本法所赋权利而言，该国视同本法适用之国；即使根据该国法律，权利的救济措施或者作品复制品的进口限制不同于本法之规定，部长亦可作此证明。

（2.1）［已废止，1994，c. 47，s. 57］。

（3）～（6）［已废止，1997，c. 24，s. 5］。

互惠保护保留

（7）为进一步明确，根据第（2）款或者本款生效之前任何时间，由第（2）款所刊登的公告向作品提供的保护，并不仅因所涉国家成为条约成员国而受到影响。

R. S.，1985，c. C-42，s. 5；1993，c. 15，s. 2，c. 44，s. 57；1994，c. 47，s. 57；1997，c. 24，s. 5；2001，c. 34，s. 34；2012，c. 20，s. 5.

版权的期限

版权的期限

6. 除本法另有明确规定以外，版权的存续期限由作者终生、作者死亡之日历年的剩余时间以及其后 50 年组成。

R. S.，1985，c. C-42，s. 6；1993，c. 44，s. 58.

匿名作品和假名作品

6.1 除第 6.2 条规定以外，作品的作者身份不明的，其版权存续期限为以下期限中较早到期者：

（a）由作品首次出版之日历年的剩余时间以及其后 50 年组成的期限，

（b）由作品创作完成之日历年以及其后 75 年组成的期限，

但是，在该期限内作者身份已被公知的，适用第 6 条规定的期限。

1993，c. 44，s. 58.

匿名合作作品和假名合作作品

6.2 合作作品的所有作者身份不明的，其版权存续期限为下列期限中较早到期者：

（a）由作品首次出版之日历年的剩余时间以及其后 50 年组成的期限，

（b）由作品创作完成之日历年以及其后 75 年组成的期限，

但是，在该期限内一个以上的作者身份已被公知的，版权存续期限由最后死亡的作者终身、其死亡之日历年的剩余时间以及其后 50 年组成。

1993，c.44，s.58.

遗作的版权期限

7. （1）根据第（2）款，文学、戏剧、音乐作品或者雕刻在作者死亡之日享有版权但尚未出版的，合作作品在最后死亡的作者死亡之日或临近该日期之前享有版权但尚未出版的，演说、戏剧或者音乐作品在以上日期之前已经公开表演或者通过远程通信向公众传播的，版权的后续期限由出版、公开表演或者通过远程通信向公众传播的三者中最先发生者确定，依具体情形而定为由出版、公开表演或者通过远程通信向公众传播之日历年的剩余时间以及其后 50 年组成。

第（1）款的适用

（2）第（1）款仅适用于所涉作品在本条生效之前即已出版、公开表演或者通过远程通信向公众传播的情形。

过渡条款

（3）如果

（a）本条生效之时，作品尚未出版、公开表演或者通过远程通信向公众传播，

（b）该作品在本条生效之前若已出版、公开表演或者通过远

程通信向公众传播，则第（1）款将适用于该作品，并且

（c）临近本条生效之前的 50 年期间，发生了第（1）款所指有关死亡，

则该作品的版权应存续至本条生效之日历年的剩余时间以及其后 50 年，无论该作品在本条生效之后是否出版、公开表演或者通过远程通信向公众传播。

过渡条款

（4）如果

（a）本条生效之时，作品尚未出版、公开表演或者通过远程通信向公众传播，

（b）该作品在本条生效之前若已出版、公开表演或者通过远程通信向公众传播，则第（1）款将适用于该作品，并且

（c）本条生效之前的 50 年之前，发生了第（1）款所指有关死亡，

则该作品的版权应存续至本条生效之日历年的剩余时间以及其后 50 年，无论该作品在本条生效之后是否出版、公开表演或者通过远程通信向公众传播。

R. S.，1985，c. C-42，s. 7；1993，c. 44，s. 58；1997，c. 24，s. 6.

8. ［已废止，1993，c. 44，s. 59］。

合作作品情形

9.（1）除第 6.2 条规定以外，合作作品的版权存续期限由最后死亡的作者终生、该作者死亡之日历年的剩余时间以及其后 50 年组成；本法所指自作者死亡之日历年结束起算的特定年限届满之后的期间应被解释为自最后死亡的作者死亡之日历年结束起算的相同年限届满之后的期间。

其他国家的国民

（2）除《北美自由贸易协定》成员国以外，某国家所授保护期限短于第（1）款规定的，作为该国国民的作者无权在加拿大

境内主张长于该国规定的保护期限。

R. S. , 1985，c. C-42，s. 9；1993，c. 44，s. 60.

10. 〔已废止，2012，c. 20，s. 6〕。

11. 〔已废止，1997，c. 24，s. 8〕。

电影作品

11. 1 除因情节的编排设计、表演形式或者剪辑组合而具有戏剧特征的电影作品以外，电影作品及其汇编作品的版权期限

（a）由该电影作品或者该汇编作品首次发行之日历年的剩余时间及其后 50 年组成；或者

（b）该电影作品或者该汇编作品在其创作完成之日历年结束起算的 50 年届满仍未发表的，由该电影作品或者该汇编作品创作完成之日历年的剩余时间及其后 50 年组成。

1993，c. 44，s. 60；1997，c. 24，s. 9.

版权属于女王陛下的情形

12. 在不损害任何皇家权利或者特权的前提下，根据与作者的协议，经由女王陛下或者政府部门指导或者主持而编写或者出版的作品，其版权属于女王陛下的，该版权应存续至该作品首次出版之日历年的剩余时间以及其后 50 年。

R. S. , 1985，c. C-42，s. 12；1993，c. 44，s. 60.

版权的归属

版权的归属

13. （1）根据本法，作品的版权首先归于该作品的作者。

（2）〔已废止，2012，c. 20，s. 7〕。

雇佣作品

（3）作品的作者根据劳务合同或者学徒合同受雇于人，且作

品是在该雇佣过程中创作的，如无相反约定，该作品的版权首先归于雇佣该作者的雇主；但若作品是报纸、杂志或者类似期刊的文章或者其他来稿的，除其构成报纸、杂志或者类似期刊的组成部分以外，如无相反约定，视为作者保留禁止作品出版的权利。

转让和许可

（4）作品版权人可以以概括的或者对转让的地域范围、传播媒介、市场领域以及其他方面加以限制的方式，在全部或者部分版权期限内，完全或者部分转让版权，亦可以许可授予他人版权中的任何利益；转让或者许可须经版权人或者其正式授权代表书面签署方为有效。

部分转让情形的版权人

（5）根据版权的部分转让，受让人得享版权所包括的任何权利的，就本法而言，受让人就其受让的权利，转让人就其未转让的权利，均视为版权人，本法据此对二者均具有效力。

诉权的转移

（6）为进一步明确，法律向来如此：因侵害版权所生之诉权连同版权转让或者授予版权中的利益的许可一并转移。

独占许可

（7）为进一步明确，法律向来如此：版权独占许可之授权构成授予版权中的利益的许可。

R. S.，1985，c. C-42，s. 13；1997，c. 24，s. 10；2012，c. 20，s. 7.

版权首先属于作者时的期限

14.（1）作品版权首先属于作者的，除于 1921 年 6 月 4 日之后经遗嘱授予的以外，经由作者的版权转让和授予版权中的利益的许可，自作者死亡后届满 25 年止，受让人或者被许可人不再享有作品版权的任何权益；即使存在相反约定，版权中可期待的以上期限届满后的复归权益，自作者死亡之时仍作为作者的遗产转移给其合法代表，作者就此复归权益之处分而与他人签订的协议亦归于消灭。

限制

（2）第（1）款规定不得被解释为适用于集合作品版权的转让以及出版作为集合作品组成部分的作品或者其片段的许可。

（3）[已废止，1997，c. 24，s. 11]。

（4）[已废止，R. S.，1985，c. 10（4th Supp.），s. 3]。

R. S.，1985，c. C-42，s. 14；R. S.，1985，c. 10（4th Supp.），s. 3；1997，c. 24，s. 11.

14.01 [已废止，1997，c. 24，s. 12]。

精神权利

精神权利

14.1（1）根据第 28.2 条，作品的作者享有保持作品完整的权利，与第 3 条所述行为有关时，于合理情形，作者享有以姓名或者假名表明作者身份的权利以及保持匿名的权利。

精神权利不可转让

（2）精神权利不可转让但可以全部或者部分放弃。

不因转让而放弃

（3）精神权利并不仅因作品版权的转让而放弃。

弃权声明书的效力

（4）版权人或者被许可人出于自身利益而作出放弃精神权利的声明的，由该版权人或者被许可人授权的任何人均可为使用该作品而援引该声明，除非该声明中有相反的意思表示。

R. S.，1985，c. 10（4th Supp.），s. 4.

期限

14.2（1）作品精神权利的存续期限与作品版权的期限相同。

继承

（2）作者死亡之时，作品的精神权利转移给

（a）精神权利明确的受遗赠人或者遗嘱继承人；

（b）精神权利没有明确的受遗赠人或者遗嘱继承人且作者就作品版权留有遗嘱的，版权的遗嘱继承人，或者

（c）没有（a）项、（b）项规定的人的，有权继受无遗嘱的作者所有其他财产的人。

后续的继承

（3）根据情况需要作出必要修改后，第（2）款规定适用于精神权利享有者死亡之时。

R. S. , 1985, c. 10 (4th Supp.), s. 4; 1997, c. 24, s. 13.

作品的版权和精神权利

第2章　表演者的表演、录音、通信信号的版权和表演者的表演的精神权利

表演者的权利

版　权

表演者的表演的版权

15.（1）根据第（2）款，表演者对其表演享有的版权由下列与其表演或者表演的实质部分相关的专有权利组成：

（a）表演未经固定的，

（i）通过远程通信向公众传播，

（ii）公开表演，以其通过远程通信向公众传播为限，但不包括经通信信号传播，

（iii）以物质形式固定，

（b）表演已经固定的，

（i）复制未经表演者授权而制作的录制品，

（ii）表演者已经授权录制，录制品的复制品却非依授权目的而制作的，复制该录制品的复制品，

（iii）录制品根据本法第3章或者第8章的许可而制作，其复制品却非依第3章或者第8章许可目的而制作的，复制该录制品的复制品，

（c）出租该表演的录音制品，

以及就以上行为进行授权。

表演者的表演的版权

（1.1）根据第（2.1）款、第（2.2）款，表演者对其表演享

有的版权由下列与其表演或者表演的实质部分相关的专有权利以及可就此授权组成：

（a）表演未经固定的，

（i）通过远程通信向公众传播，

（ii）公开表演，以其通过远程通信向公众传播为限，但不包括经通信信号传播，

（iii）以物质形式固定；

（b）表演已经固定在录音中的，复制该录音；

（c）出租该表演的录音制品；

（d）通过远程通信向公众提供该表演的录音，使公众成员可以在其个人选定的地点和时间获得并且以同样的方式通过远程通信向公众传播；

（e）表演已经固定在表现为有体物的录音中的，以出售或者其他方式转移该有体物的所有权，只要该所有权此前没有在表演者的表演的版权人授权下被跨越加拿大国境转移。

条件

（2）第（1）款仅适用于表演者的表演

（a）发生在加拿大或者《罗马公约》成员国境内；并且

（b）已经固定在录音制品中，且

（i）该录音制品的制作者在首次录制时

（A）若系自然人，则属加拿大公民或者《移民和难民保护法》第2条第（1）款所指永久居民，或者《罗马公约》成员国公民或者永久居民，

（B）若系法人，则其总部位于加拿大或者《罗马公约》成员国境内，或者

（ii）该录音制品以能够满足公众合理需求的数量，在加拿大或者《罗马公约》成员国境内首次发行；或者

（c）在表演时由总部位于其广播国境内且以加拿大或者《罗马公约》成员国为广播国的广播组织以通信信号广播传送。

版权的条件

（2.1）第（1.1）款适用于表演者的表演

（a）发生在加拿大境内；并且

（b）已经固定在录音制品中，且

（i）该录音制品的制作者在首次录制时

（A）若系自然人，则属加拿大公民或者《移民和难民保护法》第2条第（1）款所指永久居民，

（B）若系法人，则其总部位于加拿大境内，或者

（ii）该录音制品以能够满足公众合理需求的数量，在加拿大境内首次发行；或者

（c）在表演时由总部位于加拿大境内的广播组织从加拿大以通信信号广播传送。

（2.2）第（1.1）款还适用于表演者的表演

（a）发生在《世界知识产权组织表演和录音制品条约》成员国境内；且

（b）已经由录音固定，以及

（i）该录音的制作者在首次录制时

（A）若系自然人，则属《世界知识产权组织表演和录音制品条约》成员国公民或者永久居民，

（B）若系法人，则其总部位于《世界知识产权组织表演和录音制品条约》成员国境内，或者

（ii）该录音以能够满足公众合理需求的数量，在《世界知识产权组织表演和录音制品条约》成员国境内首次发行；或者

（c）在表演时由总部位于《世界知识产权组织表演和录音制品条约》成员国境内的广播组织从该成员国以通信信号广播传送。

发行

（3）第（2）款（b）项规定的首次发行，在加拿大或者《罗马公约》成员国境内发生之前，事实上曾经在加拿大或者《罗马公约》成员国境外发生过，两次发行的间隔不超过30日的，视

为在加拿大或者《罗马公约》成员国境内首次发行。

（4）所谓录音制品的首次发行，在《世界知识产权组织表演和录音制品条约》成员国境内发生之前，事实上曾经在《世界知识产权组织表演和录音制品条约》成员国境外发生过，两次发行的间隔不超过30日的，视为在《世界知识产权组织表演和录音制品条约》成员国境内首次发行。

R. S.，1985，c. C-42，s. 15；1993，c. 44，s. 61；1997，c. 24，s. 14；2001，c. 27，s. 235；2012，c. 20，s. 9.

合同安排

16. 第15条规定并不妨碍表演者签订合同以控制为广播、录制或者转播而使用其表演的行为。

R. S.，1985，c. C-42，s. 16；1994，c. 47，s. 59；1997，c. 24，s. 14.

电影作品

17.（1）表演者授权电影作品使用其表演的，就该电影作品中包含的表演，表演者不得再行使第15条第（1）款的版权。

获得报酬权

（2）就控制第（1）款所指电影作品使用表演者的表演签订了合同且该合同约定了表演者因电影作品的复制、公开表演或者通过远程通信向公众传播而享有获得报酬权的，表演者可行使该权利以对抗

（a）协议的另一方当事人或者该当事人的协议受让人，

（b）其他任何人，只要其

（i）享有电影作品的版权，可控制电影作品的复制、表演或者通过远程通信向公众传播，或者

（ii）复制、表演或者通过远程通信向公众传播电影作品，

（a）项、（b）项所指主体就该版权的报酬对表演者承担连带责任。

第（2）款的适用

（3）第（2）款仅适用于表演者的表演为规定的电影作品所包含的情形。

例外

（4）经《北美自由贸易协定》成员国请求，部长可通过《加拿大公报》刊登声明，设定条件，将本条所赋予的利益授予表演者，只要其系属该国或者《北美自由贸易协定》另一成员国的国民，或者加拿大公民或者《移民和难民保护法》第2条第（1）款所指永久居民，且其表演为第（3）款所指规定的电影作品以外的作品所包含。

精神权利

精神权利

17.1（1）根据第28.2条，就第15条第（2.1）款、第（2.2）款所适用的情形，现场表演或者已经录音固定的表演的表演者享有保持表演完整的权利，与第15条第（1.1）款所述行为或者表演者根据第19条享有获得报酬权的行为有关时，于合理情形，表演者享有以姓名或者假名表明表演者身份的权利以及保持匿名的权利。

精神权利不可转让

（2）精神权利不可转让但可以全部或者部分放弃。

不因转让而放弃

（3）精神权利并不仅因表演者的表演的版权的转让而放弃。

弃权声明书的效力

（4）版权人或者被许可人出于自身利益而作出放弃精神权利的声明的，由该版权人或者被许可人授权的任何人均可为使用表演者的表演而援引该声明，除非该声明中有相反的意思表示。

适用和期限

17.2（1）第 17.1 条第（1）款仅适用于该款生效后发生的表演者的表演。精神权利的存续期限与该表演者的表演的版权的期限相同。

继承

（2）表演者死亡之时，其表演的精神权利转移给

（a）精神权利明确的受遗赠人或者遗嘱继承人；

（b）精神权利没有明确的受遗赠人或者遗嘱继承人且该表演者就其表演的版权留有遗嘱的，版权的遗嘱继承人，或者

（c）没有（a）项、（b）项规定的人的，有权继受无遗嘱的表演者所有其他财产的人。

后续的继承

（3）根据情况需要作出必要修改后，第（2）款规定适用于精神权利持有者死亡之时。

2012，c. 20，s. 10.

录音制作者的权利

录音的版权

18.（1）根据第（2）款，录音制作者对其录音享有的版权由下列与其录音或者录音的实质部分相关的专有权利组成：

（a）首次发行，

（b）以物质形式复制，

（c）出租，

以及就以上行为进行授权。

录音的版权

（1.1）根据第（2.1）款、第（2.2）款，录音制作者对其录

音的版权还包括由下列与其录音或者录音的实质部分相关的专有权利以及可就此授权组成：

（a）通过远程通信向公众提供，使公众成员可以在其个人选定的地点和时间获得并且以同样的方式通过远程通信向公众传播；

（b）已经表现为有体物的，以出售或者其他方式转移该有体物的所有权，只要该所有权此前没有在录音版权人授权下被跨越加拿大国境转移。

版权的条件

（2）第（1）款仅适用于

（a）录音制作者在首次录制日，或者该首次录制历时长久的，则在其大部分期间内，

（i）系属加拿大公民或者《移民和难民保护法》第 2 条第（1）款所指永久居民，

（ii）系属《伯尔尼公约》成员国、《罗马公约》成员国、《世界知识产权组织表演和录音制品条约》成员国或者世界贸易组织成员的公民或者永久居民，或者

（iii）系属法人的，则其总部位于以上成员方境内；或者

（b）该录音制品以能够满足公众合理需求的数量，在（a）项所指国家境内首次发行。

（2.1）第（1.1）款适用于

（a）在首次录制日或者该首次录制历时长久的，则在其大部分期间内，录音制作者

（i）系属加拿大公民或者《移民和难民保护法》第 2 条第（1）款所指永久居民，或者

（ii）系属法人的，则其总部位于加拿大境内，或者

（b）该录音制品以能够满足公众合理需求的数量，在加拿大境内首次发行。

（2.2）（1.1）款还适用于

（a）在首次录制日或者该首次录制历时长久的，则在其大部分期间内，录音制作者

（i）系属《世界知识产权组织表演和录音制品条约》成员国公民或者永久居民，

（ii）系属法人的，则其总部位于《世界知识产权组织表演和录音制品条约》成员国境内，或者

（b）该录音制品以能够满足公众合理需求的数量，在《世界知识产权组织表演和录音制品条约》成员国境内首次发行。

发行

（3）第（2）款（a）项规定的首次发行，在加拿大、《伯尔尼公约》成员国、《罗马公约》成员国或者世界贸易组织成员境内发生之前，事实上曾经在加拿大、《伯尔尼公约》成员国、《罗马公约》成员国或者世界贸易组织成员境外发生过，两次发行的间隔不超过 30 日的，视为在加拿大、《伯尔尼公约》成员国、《罗马公约》成员国或者世界贸易组织成员境内首次发行。

（4）所谓录音制品的首次发行，在《世界知识产权组织表演和录音制品条约》成员国境内发生之前，事实上曾经在《世界知识产权组织表演和录音制品条约》成员国境外发生过，两次发行的间隔不超过 30 日的，视为在《世界知识产权组织表演和录音制品条约》成员国境内首次发行。

R. S.，1985，c. C-42，s. 18；R. S.，1985，c. 10（4th Supp.），s. 17（F）；1994，c. 47，s. 59；1997，c. 24，s. 14；2001，c 27，s. 237；2012，c. 20，s. 11.

表演者和录音制作者共同适用的条款

获得报酬权——加拿大

19. （1）根据第 20 条第（1）款，录音制品已经发行的，表演者和录音制作者有权就该录音的公开表演或者通过远程通信向

公众传播获得合理的报酬，第 15 条第（1.1）款（d）项和第 18 条第（1.1）款（a）项所指情形中的传播以及转播除外。

获得报酬权——《罗马公约》成员国

（1.1）根据第 20 条第（1.1）款、第（2）款，录音制品已经发行的，表演者和录音制作者有权就该录音的公开表演或者通过远程通信向公众传播获得合理的报酬，以下情形除外：

（a）第 15 条第（1.1）款（d）项和第 18 条第（1.1）款（a）项所指情形中的传播，以有权获得合理报酬者已就该传播享有该项权利为限，

（b）转播。

获得报酬权——《世界知识产权组织表演和录音制品条约》成员国

（1.2）根据第 20 条第（1.2）款和第（2.1）款，录音制品已经发行的，表演者和录音制作者有权就录音的公开表演或者通过远程通信向公众传播获得合理的报酬，第 15 条第（1.1）款（d）项和第 18 条第（1.1）款（a）项所指情形中的传播以及转播除外。

版权许可费

（2）就本条所涉报酬而言，公开表演或者通过远程通信向公众传播已发行的录音的，须支付版权许可费，

（a）就音乐作品的录音而言，须向依第 7 章授权收取版权许可费的集体组织支付版权许可费，

（b）就文学作品或者戏剧作品的录音，须向录音制作者或者表演者支付版权许可费。

版权许可费的分配

（3）根据第（2）款（a）或者（b）项，版权许可费一经收取，即应分配如下：

（a）表演者得 50%；

（b）录音制作者得 50％。

R. S.，1985，c. C-42，s. 9；1994，c. 7，s. 59；1997，c. 24，s. 14；
2012，c. 20，s. 12.

视为发行——加拿大

19. 1 尽管存在第 2.2 条第（1）款，录音已通过远程通信向公众提供，使公众成员可以在其个人选定的地点和时间获得，或者以同样的方式通过远程通信向公众传播的，视为已依据第 19 条第（1）款发行。

2012，c. 20，s. 13.

视为发行——《世界知识产权组织表演和录音制品条约》成员国

19. 2 尽管存在第 2.2 条第（1）款，录音已通过远程通信向公众提供，使公众成员可以在其个人选定的地点和时间获得，或者以同样的方式通过远程通信向公众传播的，视为已按照第 19 条第（1）款发行。

2012，c. 20，s. 14.

条件——加拿大

20.（1）第 19 条第（1）款所赋予的获得报酬权仅适用于

（a）录音制作者在首次录制日系属加拿大公民或者《移民和难民保护法》第 2 条第（1）款所指永久居民，系属法人的，则其总部位于加拿大境内；或者

（b）为录音所做的所有录制发生在加拿大境内。

条件——《罗马公约》成员国

（1.1）第 19 条第（1.1）款所赋予的获得报酬权仅适用于

（a）录音制作者在首次录制之日系属《罗马公约》成员国公民或者永久居民，系属法人的，则其总部位于《罗马公约》成员

国境内；或者

（b）为录音所做的所有录制发生在《罗马公约》成员国境内。

条件——《世界知识产权组织表演和录音制品条约》成员国

（1.2）第 19 条第（1.2）款所赋予的获得报酬权仅适用于

（a）录音制作者在首次录制日系属《世界知识产权组织表演和录音制品条约》成员国公民或者永久居民，系属法人的，则其总部位于该成员国境内；或者

（b）为录音所做的所有录制发生在《世界知识产权组织表演和录音制品条约》成员国境内。

例外——《罗马公约》成员国

（2）尽管存在第（1.1）款，若部长认为某《罗马公约》成员国并未如第 19 条第（1.1）款所规定的范围和期限，就录音的公开表演或者向公众传播授予获得报酬权，而该录音制作者在录音首次录制日，系属加拿大公民或者《移民和难民保护法》第 2 条第（1）款所指永久居民，或者总部位于加拿大境内的法人，则部长可通过《加拿大公报》刊登声明，对首次录制由该《罗马公约》成员国的公民或者永久居民，或者总部位于该国境内的法人完成的录音，限定其保护范围和期限。

例外——《世界知识产权组织表演和录音制品条约》

（2.1）尽管存在第（1.2）款，若部长认为某《世界知识产权组织表演和录音制品条约》成员国并未如第 19 条第（1.2）款所规定的范围和期限，就录音的公开表演或者向公众传播授予获得报酬权，而该录音制作者在录音首次录制日，系属加拿大公民或者《移民和难民保护法》第 2 条第（1）款所指永久居民，或者总部位于加拿大境内的法人，则部长可通过《加拿大公报》刊登声明，对首次录制由该成员国的公民或者永久居民，或者总部位于该国境内的法人完成的录音，限定其保护范围和期限。

例外

（3）经《北美自由贸易协定》成员国请求，部长可通过《加拿大公报》刊登声明，将第 19 条第（1.1）款所赋予的获得报酬权授予表演者或者录音制作者，只要其系属该国国民，且其录音包含戏剧或者文学作品。

第 19 条的适用

（4）第（3）款所指声明刊登后，第 19 条适用于

（a）该声明所涉国家的国民，视同加拿大的公民或者总部位于加拿大境内的法人；并且

（b）为其录音所做的录制视同发生在加拿大境内。

R. S.，1985，c. C-42，s. 20；1994，c. 47，s. 59；1997，c. 24，s. 14；2001，c. 27，s. 238；2012，c. 20，s. 15.

广播组织的权利

通信信号的版权

21.（1）根据第（2）款，广播组织对其播放的通信信号的版权由下列与其通信信号或者通信信号的实质部分相关的专有权利组成：

（a）录制，

（b）复制未经其许可而制作的录制品，

（c）授权另一广播组织在其播放的同时向公众转播，

（d）在须支付入场费的公共场所播放电视通信信号，

以及就（a）项、（b）项或者（d）项所规定的行为进行授权。

版权的条件

（2）第（1）款仅适用于

（a）播放时广播组织的总部位于加拿大、世界贸易组织成员

或者《罗马公约》成员国境内；且

（b）从该国播放通信信号。

例外

（3）尽管存在第（2）款，若部长认为某《罗马公约》成员国或者世界贸易组织成员并未授予第（1）款（d）项所述权利，则部长可通过《加拿大公报》刊登声明，宣告总部位于该国境内的广播组织不享有该权利。

R.S.，1985，c. C-42，s. 21；1994，c. 47，s. 59；1997，c. 24，s. 14.

互　惠

互惠

22.（1）若部长认为《罗马公约》成员国和《世界知识产权组织表演和录音制品条约》成员国以外的国家以条约、公约、协定或者法律授予或者承诺授予作为加拿大的公民、《移民和难民保护法》第 2 条第（1）款所指永久居民或者总部位于加拿大境内的法人的

（a）表演者和录音制作者，或者

（b）广播组织

以实质等同于本章所赋予之利益，则部长可通过《加拿大公报》刊登声明，

（c）将本章所赋予之利益授予作为该国的公民、属民、永久居民或者总部位于该国境内法人的

（i）表演者和录音制作者，或者

（ii）广播组织，并且

（d）宣告该国就该利益视同本章适用之国。

（2）若部长认为《罗马公约》成员国和《世界知识产权组织表演和录音制品条约》成员国以外的国家并未以条约、公约、协定或者法律授予或者承诺授予作为加拿大的公民、《移民和难民

保护法》第2条第（1）款所指永久居民或者总部位于加拿大境内的法人的

（a）表演者和录音制作者，或者

（b）广播组织

以实质等同于本章所赋予之利益，则部长可通过《加拿大公报》刊登声明，

（c）在该国实际授予作为加拿大的公民、《移民和难民保护法》第2条第（1）款所指永久居民或者总部位于加拿大境内的法人的表演者、录音制作者或者广播组织以该利益的限度内，将本章所赋予之利益授予作为该国的公民、属民、永久居民或者总部位于该国境内的法人的表演者、录音制作者或者广播组织，并且

（d）宣告该国就该利益视同本章适用之国。

本法的适用

（3）部长在第（1）款或者第（2）款所指声明中援引的本法条款适用于

（a）该声明所涵盖的表演者、录音制作者或者广播组织，视同加拿大的公民或者总部位于加拿大境内的法人；

（b）该声明所涵盖的国家，视同加拿大。

（4）根据部长在第（1）款或者第（2）款所指声明中可设定的例外，本法其他条款也如第（3）款规定方式予以适用。

R.S.，1985，c.C-42，s. 2；1994，c.47，s 59；1997，c.24，s.14；2001，c.27，s.239；2012，c.20，s.16.

版权的期限

版权的期限——表演者的表演

23.（1）根据本法，表演者的表演的版权存续至表演发生之日历年结束后第50年末，但是

（a）版权到期前表演已经固定在录音中的，版权存续至该表演经录音固定之日历年结束后第 50 年末；

（b）版权到期前录制了表演的录音制品已经发行的，版权存续至该录音制品首次发行之日历年结束后第 70 年末或者该表演发生之日历年结束后第 100 年末，以先到期者为准。

版权的期限——录音

（1.1）根据本法，录音的版权存续至录音首次录制之日历年结束后第 50 年。但是，版权到期前录音制品已发行的，版权存续至该录音制品首次发行之日历年结束后第 70 年末或者首次录制完成之日历年结束后第 100 年末，以先到期者为准。

版权的期限——通信信号

（1.2）根据本法，通信信号的版权存续至通信信号播放之日历年结束后第 50 年末。

获得报酬权的期限

（2）第 19 条赋予表演者和录音制作者的获得报酬权的期限分别与第（1）款和第（1.1）款相同。

第（1）款和第（2）款的适用

（3）无论录制、表演或者播放发生在本条生效之前抑或之后，第（1）款和第（2）款规定均予适用。

《伯尔尼公约》成员国、《罗马公约》成员国或者世界贸易组织成员

（4）表演者的表演、录音或者通信信号各自符合第 15 条、第 18 条、第 21 条所设条件的，在该录制、表演或者播放之日后依其具体情形成为《伯尔尼公约》成员国、《罗马公约》成员国或者世界贸易组织成员，在该录制、表演或者播放之日依其具体情形视为已是《伯尔尼公约》成员国、《罗马公约》成员国或者世界贸易组织成员。

保护期限届满的情形

（5）第（4）款所指国家的保护期限在该国依其具体情形成为《伯尔尼公约》成员国、《罗马公约》成员国或者世界贸易组织成员之前已经届满的，该款不提供加拿大境内的保护。

R. S. ，1985，c. C-42，s. 23；1994，c. 47，s. 59；1997，c. 24，s. 14；2012，c. 20，s. 17.

版权的归属

版权的归属

24. 版权首先属于

（a）表演的表演者；

（b）录音的制作者；

（c）播放通信信号的广播组织。

R. S. ，1985，c. C-42，s. 24；1994，c. 47，s. 59；1997，c. 24，s. 14.

权利的转让

25. 根据情况需要作出必要修改后，第 13 条第（4）～（7）款适用于本章所赋予表演者、录音制作者以及广播组织的权利。

R. S. ，1985，c. C-42，s. 25；1993，c. 44，s. 62；1994，c. 47，s. 59；1997，c. 24，s. 14.

表演者的权利——世界贸易组织成员

世界贸易组织成员的表演者的表演

26. （1）表演者的表演于 1996 年 1 月 1 日或者之后发生在世界贸易组织成员境内的，自表演发生之日起，表演者对其表演享有的版权由下列与其表演或者表演的实质部分相关的专有权利组成：

（a）表演未经固定的，通过远程通信向公众传播以及经录音固定，

（b）表演未经表演者授权而经录音固定的，复制该录制品或者其实质部分，

以及就以上行为进行授权。

1996 年 1 月 1 日之后加入世界贸易组织的成员方的情形

（2）表演者的表演于 1996 年 1 月 1 日或者之后发生在该表演日之后成为世界贸易组织成员的成员方境内的，表演者自该成员方成为世界贸易组织成员之日起，享有第（1）款规定的版权。

1996 年 1 月 1 日之前表演者的表演

（3）表演者的表演于 1996 年 1 月 1 日之前发生在世界贸易组织成员境内的，表演者自 1996 年 1 月 1 日起享有第（1）款（b）项规定的专有权利以及就此进行授权的权利。

1996 年 1 月 1 日之后加入世界贸易组织的成员方的情形

（4）表演者的表演于 1996 年 1 月 1 日之前发生在 1996 年 1 月 1 日或者之后成为世界贸易组织成员的成员方境内的，表演者自该成员方成为世界贸易组织成员之日起，享有第（3）款规定的权利。

表演者权利的期限

（5）本条所赋予的权利的存续期限由表演者的表演发生之日历年的剩余时间以及其后 50 年组成。

权利的转让

（6）根据情况需要作出必要修改后，第 13 条第（4）～（7）款得适用于本条所赋予表演者的权利。

限制

（7）尽管存在本条所赋予的表演者的权利的转让，表演者及其受让人可

（a）禁止复制

（i）该表演者的表演的录制品，

（ii）该录制品的实质部分，

以该录制品的制作未经表演者或者其受让人许可为限；

（b）禁止进口表演者的表演的录制品或者其复制品，以进口者知道或者应当知道该录制品或者其复制品的制作未经表演者或者其受让人许可为限。

R. S., 1985，c. C-42，s. 26；R. S., 1985，c. 10（4th Supp.），s. 17（F）；1993，c. 44，s. 63；1994，c. 47，s. 59；1997，c. 24，s. 14.

第3章　对版权和精神权利的侵害及其例外

对版权的侵害

一般规定

一般侵权

27.（1）任何人未经版权人许可，实施本法规定唯版权人有权实施的行为，均构成对版权的侵害。

二次侵权

（2）任何人知道或者应当知道作品、录音、表演者的表演的录制品或者通信信号的复制品侵害了版权，或者该复制品若由其制作者在加拿大境内制作就会侵害版权，仍然就该复制品实施下列行为的，构成对版权的侵害：

（a）出售或者出租，

（b）发行至损害版权人的程度，

（c）以交易的方式发行、为出售或者出租而展示或者要约、公开展览，

（d）为实施（a）～（c）项行为而持有，

（e）为实施（a）～（c）项行为而进口至加拿大。

说明

（2.1）为进一步明确，加拿大境外制作的复制品若在加拿大境内制作，亦符合本法的限制或者例外规定，则其并不侵害第（2）款所涉版权。

二次侵权——进口

（2.11）任何人知道或者应当知道作品、录音、表演者的表

演的录制品或者通信信号的复制品的制作未经制作地所在国的版权人许可，为实施第（2）款（a）～（c）项的行为，仍然进口或意图进口该复制品的，构成对版权的侵害。

例外

（2.12）第（2.11）款不适用于依据本法限制或者例外规定而制作的复制品，加拿大境外制作的复制品若在加拿大境内制作，亦符合本法的限制或者例外规定的，第（2.11）款也不适用。

关于课程的二次侵权

（2.2）任何人知道或者应当知道系属第30.01条第（1）款所定义的课程或者其录制品，仍然就其实施下列行为的，构成对版权的侵害：

（a）出售或者出租；

（b）发行至损害包含在该课程中的作品或者其他客体的版权人的程度；

（c）以交易的方式发行、为出售或者出租而展示或者要约、公开展览；

（d）为实施（a）～（c）项行为而持有；

（e）通过远程通信向第30.01条第（3）款（a）项所指主体以外的人传播；

（f）避开或者破坏依照第30.01条第（6）款（b）项、（c）项、（d）项规定所采取的措施。

侵权——服务条款

（2.3）以促成侵害版权的行为为主要目的，借助互联网或者另一数字网络提供服务，而借助互联网或者另一数字网络使用该服务将实际侵害版权的，提供该服务的行为构成对版权的侵害。

因素

（2.4）依第（2.3）款判定某人是否侵害版权时，法院可考虑

（a）其是否明示或者暗示该服务可用于促成侵害版权的行为并予以推销或者推广；

（b）其是否承认该服务已促成相当数量的侵害版权的行为；

（c）该服务除促成侵害版权的行为以外，是否还具有重要用途；

（d）作为提供服务的组成部分，其限制侵害版权的行为的能力，以及其就此所采取过的措施；

（e）其因促成侵害版权的行为而获得的利益；

（f）若不用于促成侵害版权的行为，该服务的经济生存能力。

进口者的知情

（3）依第（2）款判定就第（2）款（e）项所指情形中进口的复制品实施第（2）款（a）～（d）项所指任何行为是否构成侵权时，无需考虑进口者是否知道或者应当知道该复制品的进口侵害了版权。

印版

（4）任何人制作或者持有为制作作品或者其他客体的侵权复制品而专门设计或者改变印版的，均构成对版权的侵害。

以营利为目的的公开表演

（5）任何人未经版权人许可，以营利为目的，许可剧院或者其他娱乐场所公开表演作品或者其他客体的，均构成对版权的侵害；其不知道、也没有合理理由怀疑该表演将侵害版权的除外。

R. S.，1985，c. C-42，s. 27；R. S.，1985，c. 1（3rd Supp.），s. 13，c. 10（4th Supp.），s. 5；1993，c. 44，s. 64；1997，c. 24，s. 15；2012，c. 20，s. 18. 2014，c. 32，s. 3.

图书的平行进口

图书的进口

27. 1（1）根据第（6）款制定的规章，任何人进口图书具备下列情形的，均构成对图书版权的侵害：

（a）该图书的复制取得了复制地所在国的版权人许可，但复制品的进口未取得加拿大的图书版权人许可；

（b）其知道或者应当知道该图书若由进口者在加拿大境内制作将侵害版权。

二次侵权

（2）根据第（6）款制定的规章，在第（1）款（a）项所规定的情形中，任何人知道或者应当知道该图书若由进口者在加拿大境内制作将侵害版权，仍实施下列行为的，构成对版权的侵害：

（a）出售或者出租该图书；

（b）以交易的方式发行、为出售或者出租而展示或者要约、公开展览该图书；或者

（c）为实施（a）项或者（b）项行为而持有该图书。

限制

（3）第（1）款和第（2）款仅适用于存在该图书的独占发行者，且各款所规定的行为发生在独占发行者所独占的加拿大区域或者特定市场领域内的情形。

独占发行者

（4）就第4章针对本条所涉侵权行为赋予的救济而言，独占发行者视为基于许可从所涉版权获得利益。

通知

（5）独占发行者、版权人或者独占被许可人无权获得第4章针对本条所涉侵权行为赋予的救济，除非在侵权行为发生之前，关于存在该图书的独占发行者的通知依其具体情形，在规定时间内以规定的方式送达给第（1）款或者第（2）款所指主体。

规章

（6）总督会同枢密院可制定规章，为包括特价图书、专供转口图书、特别订单进口图书在内的特定种类图书的进口设定

条件。

> 1997，c. 24，s. 15.

28. ［已废止，1997，c. 24，s. 15］。

28.01 ［已废止，1997，c. 24，s. 16］。

28.02 和 28.03 ［已废止，1997，c. 24，s. 17］。

对精神权利的侵害

一般侵权

28.1 未经作者或者表演者许可，任何违反作者或者表演者精神权利的作为或者不作为，均构成对该精神权利的侵害。

> R. S.，1985，c. 10（4th Supp.），s. 6；2012，c. 20，s. 19.

完整权的性质

28.2（1）下列行为致使作者或者表演者的名誉或者声誉受到损害的，构成对作者的保持作品完整权或者表演者的保持表演完整权的侵害：

（a）歪曲、割裂或者以其他方式改动作品或者表演；或者

（b）将作品或者表演用于产品、服务、事业或者机构。

视为损害的情形

（2）任何歪曲、割裂或者以其他方式改变绘画、雕塑或者雕刻的行为本身视为第（1）款所指损害。

作品未受歪曲等情形

（3）就本条而言，并不仅因

（a）改变作品的地理位置、以物理手段展示作品或者以物理结构容纳作品，或者

（b）以善意采取措施修复或者保存作品

就构成歪曲、割裂或者以其他方式改动作品。

> R. S.，1985，c. 10（4th Supp.），s. 6；2012，c. 20，s. 20.

例 外

合理使用

研究、个人学习等

29. 以研究、个人学习、教育、戏仿或者讽刺为目的的合理使用并不侵害版权。

R. S. ，1985，c. C-42，s. 29；R. S. ，1985，c. 10（4th Supp. ），s. 7；1994，c. 47，s. 61；1997，c. 24，s. 18；2012，c. 20，s. 21.

批评或者评论

29. 1 以批评、评论为目的的合理使用指明了下列信息的，并不侵害版权：

（a）出处；以及

（b）若指明出处，

（i）就作品而言，作者名字，

（ii）就表演者的表演而言，表演者名字，

（iii）就录音而言，录音制作者名字，

（iv）就通信信号而言，广播组织名称。

1997，c. 24，s. 18.

新闻报道

29. 2 以新闻报道为目的的合理使用指明了下列信息的，并不侵害版权：

（a）出处；以及

（b）若指明出处

（i）就作品而言，作者名字，

（ii）就表演者的表演而言，表演者名字，

（iii）就制作者而言，录音制作者名字，

（iv）就通信信号而言，广播组织名称。

1997，c. 24，s. 18.

非商业性用户生成内容

非商业性用户生成内容

29. 21（1）个人在创作具有版权的新作品或者其他客体的过程中，使用已经出版或者以其他方式向公众提供的现有作品、其他客体或者其复制品的，以及该个人或者经其许可的家庭成员使用该新作品或者其他客体，或者该个人授权媒体传播该作品或者其他客体的，不构成对版权的侵害，只要

（a）使用或者授权传播该新作品或者其他客体完全出于非商业目的；

（b）合理情形中指明了现有作品或者其他客体的出处，即作者、表演者、录音制作者或者广播组织的名字；

（c）个人有合理理由相信该现有作品、其他客体或者其复制品并未侵害版权；以及

（d）使用或者授权传播该新作品或者其他客体并未在财务或者其他方面构成对现有作品、其他客体或者其复制品的利用或者潜在利用，也未对其现有市场或者潜在市场造成实质不利影响，包括该新作品或者其他客体并非现有作品或者其他客体的替代品。

定义

（2）下列定义适用于第（1）款情形：

"**媒体**"是指定期提供空间或者工具，以使公众得以欣赏作品或者其他客体的人或者实体。

"**使用**"是指实施依据本法唯版权人有权实施的行为，授权行为除外。

2012，c. 20，s. 22.

私人复制

私人复制

29. 22 （1）个人复制作品、其他客体或者其实质部分并不构成对版权的侵害，只要

（a）据以复制的作品或者其他客体的复制品并非侵权复制品；

（b）据以复制的作品或者其他客体的复制品系个人合法获得，经出借或者出租方式获得的除外，且该个人享有或者经授权可以使用用于复制的载体或者设备；

（c）个人并未为复制而在第 41 条所定义的意义上避开该条所定义的技术保护措施或者使其可被他人避开；

（d）个人并未分发其所复制的复制品；以及

（e）个人所复制的复制品仅用于其私人目的。

"载体或者设备"的意义
（2）就第（1）款（b）项而言，"载体或者设备"包括可存储作品或者其他客体以通过互联网或者其他数字网络传播的数字存储器。

限制——录音载体
（3）录制在录音中的音乐作品、音乐作品的表演或者录制了音乐作品、音乐作品的表演的录音被复制到第 79 条所定义的录音载体的，第（1）款规定不予适用。

限制——复制品的销毁
（4）个人未先予销毁其依据第（1）款复制的复制品，即分发、出租或者出售其据以复制的作品或者其他客体的复制品的，第（1）款规定不予适用。

2012，c. 20，s. 22.

为错时收听或者收看而固定信号、录制节目

为错时收听或者收看而复制

29. 23（1）个人为录制节目以错时收听或者收看而固定通信信号、复制正在广播的作品或者录音、固定或者复制正在广播的表演者的表演的，不构成对版权的侵害，只要

（a）个人系合法接收节目；

（b）个人并未为录制节目而在第 41 条所定义的意义上避开该条所定义的技术保护措施或者使其可被他人避开；

（c）个人仅制作一份节目录制品；

（d）个人仅在适时收听或者收看该节目的合理时限内保存该录制品；

（e）个人并未分发该录制品；以及

（f）该录制品仅用于其私人目的。

限制

（2）个人依点播服务接收作品、表演者的表演或者录音的，第（1）款规定不予适用。

定义

（3）下列定义适用于第（1）款情形：

"广播"是指为公众接收而以远程通信传送作品或者其他客体，但不包括专为公开表演所作传送。

"点播服务"是指允许某人在其选定的时间接收作品、表演者的表演或者录音的服务。

2012，c. 20，s. 22.

备份复制品

备份复制品

29. 24（1）作品或者其他客体的复制品（本条称为"来源复

制品")的所有权人或者被许可使用人复制来源复制品不构成对作品或者其他客体的版权的侵害，只要

（a）其仅为防止来源复制品遗失、损坏或者因其他原因不可使用而复制；

（b）来源复制品并非侵权复制品；

（c）其并未为复制而在第41条所定义的意义上避开该条所定义的技术保护措施或者使其可被他人避开；

（d）其并未分发其所复制的复制品。

备份复制品成为来源复制品

（2）来源复制品遗失、损坏或者因其他原因不可使用的，依据第（1）款所制作的其中一份复制品成为来源复制品。

销毁

（3）来源复制品的所有权人或者被许可使用人丧失权源后，应立即销毁依第（1）款所制作的所有复制品。

2012，c.20，s.22.

不得出于营利动机而实施的行为

营利动机

29.3（1）不得出于营利动机而实施第29.4条、第29.5条、第30.2条、第30.21条所指行为。

成本回收

（2）教育机构、图书馆、档案馆、博物馆或者其授权之人实施第29.4条、第29.5条、第30.2条、第30.21条所指行为且仅回收包括管理费用、相关费用在内的成本的，不认为其具有营利动机。

1997，c.24，s.18.

教育机构

为教育而复制

29.4（1）教育机构或者受其管理之人因教育或者培训在其场所为展示作品而就该作品实施复制或者任何其他必要行为的，不构成对版权的侵害。

为考试而复制等

（2）教育机构或者受其管理之人为测验或者考试所需，就作品或者其他客体实施下列行为的，不构成对版权的侵害：

（a）在该教育机构的场所复制、翻译或者公开表演，或者

（b）通过远程通信向处于该教育机构的场所的公众传播。

通过商业途径获得作品的情形

（3）合于第（1）款、第（2）款所指目的且已固定在载体上的作品或者其他客体系在第2条"通过商业途径获得"定义（a）项所指意义上通过商业途径获得的，第（1）款、第（2）款关于侵害版权的免责规定不予适用，手工复制的情形除外。

1997，c.24，s.18；2012，c.20，s.23.

表演

29.5 教育机构或者受其管理之人因教育或者培训而非营利目的，在教育机构的场所，以该教育机构的学生、该教育机构管理的教师或者对该教育机构所设课程直接负责之人为主要受众，实施下列行为的，不构成对版权的侵害：

（a）主要由该教育机构的学生公开现场表演作品；

（b）公开表演录音、作品或者录制在录音中的表演者的表演，只要该录音并非侵权复制品或者对该表演负责的人没有合理理由相信其是侵权复制品；

（c）实时公开表演通过远程通信向公众传播的作品或者其他

客体；

（d）公开表演电影作品，只要该电影作品并非侵权复制品或者对该表演负责的人没有合理理由相信其是侵权复制品。

1997，c. 24，s. 18；2012，c. 20，s. 24.

新闻和评论

29.6（1）教育机构或者受其管理之人实施下列行为的，不构成对版权的侵害：

（a）依教育或者培训目的，为向该教育机构的学生表演，实时制作通过远程通信向公众传播的新闻节目或者新闻评论节目的单个复制品，纪录片除外；

（b）依教育或者培训目的，以该教育机构的学生为主要受众，在其场所公开表演该复制品。

（2）[已废止，2012，c. 20，s. 25]。

1997，c. 24，s. 18；2012，c. 20，s. 25.

广播的复制

29.7（1）根据第（2）款和第 29.9 条，教育机构或者受其管理之人实施下列行为的，不构成对版权的侵害：

（a）实时制作通过远程通信向公众传播的作品或者其他客体的单个复制品；

（b）保留该复制品 30 日以决定是否需要依教育和培训目的而表演。

复制的版权许可费

（2）30 日届满教育机构并未销毁该复制品的，构成对作品或其客体的版权的侵害，除非其按照以本法为依据就制作该复制品所设规定，支付了相关的版权许可费并遵守了相关的条件。

表演的版权许可费

（3）教育机构或者受其管理之人因教育或者培训在该教育机

构的场所，以该教育机构的学生为主要受众，公开表演该复制品，且按照以本法为依据就该公开表演所设规定，支付了相关的版权许可费并遵守了相关的条件的，不构成对版权的侵害。

1997，c.24，s.18.

非法接收

29.8 以非法手段接收通过远程通信向公众传播的通信信号的，第29.5～29.7条关于对版权的侵害的例外规定不予适用。

1997，c.24，s.18.

记录和标记

29.9（1）教育机构或者受其管理之人

（a）［已废止，2012，c.20，s.26］，

（b）通过远程通信向公众传播作品或者其他客体的复制品并根据第29.7条对其进行公开表演的，

该教育机构应当依规章保留有关该复制品的制作、销毁以及公开表演的信息记录，据此可支付依据本法所设定的版权许可费；此外，该教育机构还应当以规章规定的方式标记该复制品。

规章

（2）版权委员会经总督会同枢密院批准，可制定规章

（a）规定依第（1）款必须保留的有关复制品的制作、销毁、表演以及标记的信息，

（b）规定该款所指必须保留的记录以及销毁、标记复制品的方式和形式，以及

（c）规定向第71条所指集体组织提交信息的有关事项。

1997，c.24，s.18；2012，c.20，s.26.

文学集合作品

30. 集合出版物主要由无版权的材料与短文组成，其短文来

自具有版权且非为教育机构使用而出版的文学作品，其目的在于供教育机构使用，其标题以及其出版者散发的广告亦就其目的作出说明的，并不侵害已经出版的文学作品的版权，只要

（a）同一出版者在 5 年内并未出版来自于同一作者所创作品的 3 篇以上的短文；

（b）提及各短文的来源；以及

（c）若已提及来源，则指明了作者的名字。

R. S.，1985，c. C-42，s. 30；R. S.，1985，c. 10（4th Supp.），s. 7；1997，c. 24，s. 18.

"课程"的意义

30.01（1）依本条目的，"课程"是指课程、测验或者考试、或者其组成部分，在其中或者其过程中，教育机构或者受其管理之人实施有关作品或者其他客体的行为，该行为获得本法规定之限制或者例外的许可，否则构成对版权的侵害。

适用

（2）本条不适用于第（3）款（a）项、（b）项或者（c）项所指有关作品或者其他客体的行为，其所涉作品或者其他客体在课程中的使用构成对版权的侵害或者须经版权人许可。

通过远程通信的传播

（3）根据第（6）款，教育机构或者受其管理之人实施下列行为的，不构成对版权的侵害：

（a）为教育或者培训目的，通过远程通信向公众传播课程，只要该公众仅由参加了包含该课程的课业的学生或者受该教育机构管理的其他人组成；

（b）为（a）项所指行为而录制该课程；或者

（c）实施任何为（a）项和（b）项所指行为所必需的其他行为。

通过远程通信的参加

（4）参加了包含该课程的课业的学生借助依第（3）款（a）项所指的通过远程通信的传播参加或者接收该课程时，视为处于该教育机构场所的人。

复制课程

（5）借助依第（3）款（a）项所指的通过远程通信的传播参加或者接收课程的学生为适时收听或者收看而复制该课程的，不构成对版权的侵害；但参加了与该课程相关的课业的学生应当自其接受最后的课业考核后 30 日内销毁该复制品。

条件

（6）除学生以外，该教育机构和受其管理之人应当

（a）自参加了与该课程相关课业的学生接受最后的课业考核后 30 日内销毁该课程的录制品；

（b）采取可被合理期待的措施以限制通过远程通信向第（3）款（a）项所指主体传播该课程；

（c）就通过远程通信以数字形式传播该课程，采取可被合理期待的措施以防止学生录制、复制或者传播该课程，其依本条可实施的行为除外；

（d）针对通过远程通信以数字形式的传播，采取规章规定的任何措施。

2012，c. 20，s. 27.

例外——作品的数字复制品

30.02（1）根据第（3）～（5）款，因获得影印复制许可而有权影印复制某集体管理组织管理的全部作品的教育机构，为教育或者培训而实施下列行为的，不构成对版权的侵害：

（a）在等同于授权影印复制的本质与范围内，制作纸件作品的数字复制品；

（b）依教育或者培训目的，通过远程通信向受该教育机构管理之人传输该数字复制品；或者

（c）实施任何为（a）项和（b）项所指行为所必需的其他行为。

例外

（2）根据第（3）～（5）款，依第（1）款（b）项之传输已接收该作品的受该教育机构管理之人，打印一份作品的复制品，不构成对版权的侵害。

条件

（3）根据第（1）款（a）项制作作品的数字复制品的教育机构应当

（a）为其依第（1）款（b）项所传输的数字复制品的所有接收者，向集体管理组织支付版权许可许可费，以该机构若将影印复制品向所有接收者分发至人手一份后可以收取到的许可费为限，并且在可合理适用于数字复制品的程度内，遵守适用于影印复制品的许可条件；

（b）采取措施以防止数字复制品通过远程通信传输给不受该教育机构管理之人；

（c）采取措施以防止依第（1）款（b）项之传输已接收该作品的人打印两份以上复制品，以及任何其他对数字复制品的复制与传播；以及

（d）采取规章规定的任何措施。

限制

（4）于下列情形中，教育机构不得依第（1）款（a）项制作作品的数字复制品：

（a）该教育机构就该作品已与某集体管理组织签订数字复制协议，依该协议，该机构有权制作该作品的数字复制品、通过远程通信向受该教育机构管理之人传输该数字复制品并许可其至少

打印一份该作品的复制品；

（b）存在一项根据第 70.15 条核准的收费标准，其适用于该作品的数字复制品、通过远程通信向受该教育机构管理之人传输该数字复制品以及由其至少打印一份该作品的复制品；或者

（c）就该作品获得签订影印复制协议的授权的集体管理组织已经告知该教育机构，作品版权人已依据第（5）款通知，其拒绝授权该集体管理组织就该作品签订数字复制协议。

限制

（5）作品版权人通知了就该作品获得签订影印复制协议授权的集体管理组织，其拒绝授权该集体管理组织就该作品签订数字复制协议的，该集体管理组织应当告知就该作品已与其签订了影印复制协议的教育机构，其并未获得依第（1）款制作数字复制品的许可。

视为条款

（6）作品版权人已就该作品授权某集体管理组织与教育机构签订影印复制协议的，视为其已以与影印复制协议的同等限制，授权该集体管理组织就该作品与该机构签订数字复制协议，除非该版权人已拒绝依第（5）款授权或者已授权另一集体管理组织就该作品签订数字复制协议。

可获救济的最高数额

（7）在针对教育机构制作纸质作品的数字复制品、为教育或者培训而通过远程通信向受其管理之人传输该复制品的程序中，作品版权人可获得的救济金额

（a）就该作品符合第（4）款（a）项所规定条件的数字复制许可而言，若无该作品的许可，则于同类作品的许可情形，不得超过就以上行为依该许可可获得的版权许可费的数额，若存在不止一项可适用的许可，则以所有许可中许可费最高者为限；

（b）就无（a）项规定的许可却存在该作品的影印复制许可而言，若无该作品的许可，则于同类作品的许可情形，不得超过就以上行为依该许可可获得的版权许可费的数额，若存在不止一项可适用的许可，则以所有许可中许可费最高者为限。

无损害赔偿金

（8）通过远程通信的传输而接收该作品的数字复制品的受该教育机构管理之人打印一份作品的复制品，且其在打印之时有合理理由相信该传输符合第（1）款（b）项规定的，该作品的版权人不得向其主张损害赔偿金。

2012，c.20，s.27.

版权许可费——数字复制协议

30.03（1）教育机构因依据第30.02条第（3）款（a）项制作作品的数字复制品而向某集体管理组织支付版权许可费后，又依第30.02条第（4）款（a）项与任一集体管理组织签订数字复制协议的，

（a）该机构依该数字复制协议就该数字复制所应付的版权许可许可费高于其依据第30.02条第（3）款（a）项所已付许可费的，该机构应向依据该项收取其许可费的集体管理组织支付下列二者之间的差额：

（i）若该数字复制协议在该机构依据30.02条第（1）款（a）项首次制作复制品之日即已生效的，该机构就该数字复制所应支付的许可费数额，

（ii）该机构因制作作品的数字复制品而依据第30.02条第（3）款（a）项向该集体管理组织支付的自该项生效日起至其签订数字复制协议日止的许可费数额；

（b）该机构依据该数字复制协议就该数字复制所应付的版权许可费低于其依据第30.02条第（3）款（a）项已付许可费的，依据该项收取该机构许可费的集体管理组织应向该机构支付下列

二者之间的差额：

（i）该机构因制作作品的数字复制品而依据第 30.02 条第（3）款（a）项向该集体管理组织支付的自该项生效日起至其签订数字复制协议日止的许可费数额，

（ii）若该数字复制协议在该机构依据第 30.02 条第（1）款（a）项首次制作复制品之日即已生效的，该机构就该数字复制应支付的许可费数额。

版权许可费——收费标准

（2）教育机构因依据第 30.02 条第（3）款（a）项制作作品的数字复制品而向某集体管理组织支付版权许可费后，又有一项收费标准依第 30.02 条第（4）款（b）项适用于该作品的数字复制的，

（a）该机构依据该收费标准就该数字复制所应付的版权许可费高于其依据第 30.02 条第（3）款（a）项已付许可费的，该机构应向依据该项收取许可费的集体管理组织支付下列二者之间的差额：

（i）若该收费标准在该机构依据第 30.02 条第（1）款（a）项首次制作复制品之日即已核准的，该机构就该数字复制所应支付的许可费数额，

（ii）该机构因制作作品的数字复制品而依据第 30.02 条第（3）款（a）项向该集体管理组织支付的自该项生效日起至其签订数字复制协议日止的许可费数额；

（b）该机构依据该收费标准就该数字复制所应付的版权许可费低于其依第 30.02 条第（3）款（a）项所已付费的，依据该项收取该机构许可费的集体管理组织应向该机构支付下列二者之间的差额：

（i）该机构因制作作品的数字复制品而依据第 30.02 条第（3）款（a）项向该集体管理组织支付的自该项生效日起至其签订数字复制协议日止的许可费数额，

（ii）若该收费标准在该机构依第 30.02 条第（1）款（a）项首次制作复制品之日即已核准的，该机构就该数字复制所应支付的许可费数额。

2012，c.20，s.27.

通过互联网获得的作品

30.04（1）根据第（2）～（5）款，教育机构或者受其管理之人为教育或者培训，就从互联网获得的作品或者其他客体实施下列行为的，不构成对版权的侵害：

（a）复制；

（b）通过远程通信向公众传播，以公众主要由该教育机构的学生或者其他受该机构管理之人组成为限；

（c）公开表演，以公众主要由该教育机构的学生或者其他受该机构管理之人组成为限；

（d）实施任何为（a）～（c）项所指行为所必需的其他行为。

条件

（2）第（1）款规定不得适用，除非该教育机构或者受其管理之人就该作品或者其他客体实施该款所指行为时，指明了下列信息：

（a）出处；以及

（b）若已指明出处

（i）就作品而言，作者名字，

（ii）就表演者的表演而言，表演者名字，

（iii）就录音而言，录音制作者名字，

（iv）就通信信号而言，广播组织名称。

不予适用

（3）作品、其他客体或者发布该作品、其他客体的互联网站受到技术保护措施的保护，被限制访问的，第（1）款规定不予

适用。

（4）第（1）款并未许可任何人就作品或者其他客体实施该款所规定的行为，只要

（a）该作品、其他客体或者发布该作品、其他客体的互联网站受到技术保护措施的保护，被限制对其实施该行为的；或者

（b）发布该作品、其他客体的网站或者该作品、其他客体自身张贴了清晰可见的、并非仅是版权标记的声明，以禁止该行为。

（5）教育机构或者受其管理之人知道或者应当知道该作品或者其他客体未经作者许可即通过互联网可以获得的，第（1）款规定不予适用。

规章

（6）为实施第（4）款（b）项，总督会同枢密院可制定规章以规定何为清晰可见的声明。

2012，c.20，s.27.

图书馆、档案馆和博物馆

收藏作品或者其他客体的管理或者保存

30.1（1）图书馆、档案馆、博物馆或者受其管理之人基于下列原因，为保存或者管理其永久收藏或者另一图书馆、档案馆、博物馆永久收藏的已发表或者未发表作品或者其他客体而制作其复制品的，不构成对版权的侵害：

（a）其原件系珍本或者未发表，且

（i）正在恶化、受损或者遗失，或者

（ii）有恶化、受损或者遗失的风险；

（b）其原件因自身条件或者保存的环境条件而无法被看到、触摸或者听到的，因现场接待需要；

（c）图书馆、档案馆、博物馆或者受其管理之人认为该原件

目前的形式已经过时或者即将过时，或者使用该原件所需的技术已经失传或即将失传的，因替换形式需要；

（d）因内部记录保存和编目需要；

（e）因保险目的或者警方调查需要；

（f）为修复所必需。

限制

（2）合适的复制品以一般条件可通过商业途径获得且其质量能满足第（1）款所需的，第（1）款（a）～（c）项规定不予适用。

中间复制品的销毁

（3）为制作第（1）款所规定的复制品而必须制作中间复制品的，一旦不再需要即须立即销毁该中间复制品。

规章

（4）总督会同枢密院可制定规章以规定制作第（1）款所规定的复制品的程序。

1997，c. 24，s. 18；1999，c. 31，s. 59（E）；2012，c. 20，s. 28.

研究或者个人学习

30. 2（1）图书馆、档案馆、博物馆或者受其管理之人代表他人实施个人可依第 29 条或者第 29.1 条实施的行为，不构成对版权的侵害。

用于研究等的论文复制品

（2）图书馆、档案馆、博物馆或者受其管理之人应任何人为研究或者个人学习而使用作品的请求，以影印复制制作某作品的复制品，该作品系发表于下列两项的论文或者包含在该论文之中的，不构成对版权的侵害：

（a）学术、科学或者技术期刊；或者

（b）除学术、科学或者技术期刊以外的报纸或者期刊，以截至该复制品制作时，其出版时间已超过 1 年为限。

限制

（3）第（2）款（b）项不适用于小说、诗歌、戏剧或者音乐作品。

条件

（4）图书馆、档案馆或者博物馆可依据第（2）款规定向他人提供复制品，唯需

（a）提供一份复制品；以及

（b）告知接收者该复制品仅用于研究和个人学习，除此之外的任何使用均应获得所涉作品的版权人的许可。

其他图书馆等的客户

（5）根据第（5.02）款，图书馆、档案馆、博物馆或者受其管理之人可代表另一图书馆、档案馆或者博物馆的客户实施其依本条授权可代表自己的客户所实施第（1）款或者第（2）款规定的所有行为。

视为

（5.01）就第（5）款而言，非以影印复制制作作品的复制品视为依据第（2）款制作作品的复制品。

关于数字形式复制品的限制

（5.02）图书馆、档案馆、博物馆或者受其管理之人依据第（5）款规定，可向通过另一图书馆、档案馆或者博物馆提出请求的人提供数字形式的复制品，只要其采取措施防止该请求人

（a）制作该数字复制品的复制品，包括纸质复制品，打印一份复制品的除外；

（b）向任何其他人传输该数字复制品；以及

（c）自其首次使用该数字复制品之日起，使用该数字复制品超过 5 个工作日。

中间复制品的销毁

（5.1）为制作第（5）款所指复制品而制作了中间复制品的，复制品一经交付给该客户，就须立即销毁中间复制品。

规章

（6）为实施本条，总督会同枢密院可制定规章

（a）定义"报纸"和"期刊"；

（b）定义学术、科学和技术期刊；

（c）规定依第（1）款或者第（5）款采取措施时应记录的信息以及保持该信息的方式和形式；以及

（d）规定符合第（4）款所设条件的方式和形式。

1997，c.24，s.18；2012，c.20，s.29.

复制存放于档案馆的作品

30.21（1）根据第（3）款和第（3.1）款，档案馆应任何人为研究和个人学习而使用存放于该档案馆的未发表作品的请求，制作该作品的复制品并提供给该请求人的，不构成对版权的侵害。

告知

（2）他人存放作品于档案馆时，该档案馆必须向其告知，该馆可依本条复制该作品。

作品复制的条件

（3）档案馆可复制该作品，唯需

（a）版权人存放该作品的，其存放之时并未禁止复制该作品；以及

（b）该作品的任何其他版权人并未禁止复制。

提供复制品的条件

（3.1）档案馆可依第（1）款规定向他人提供复制品，唯需

（a）提供一份复制品；以及

（b）告知接收者该复制品仅用于研究和个人学习，除此之外

的任何使用均应获得所涉作品的版权人的许可。

规章

（4）总督会同枢密院可以规章规定符合第（3）款和第（4）款所设条件的方式和形式。

（5）～（7）〔已废止，2004，c.11，s.21〕。

1997，c.24，s.18；1999，c.31，s.60（E）；2004，c.11，s.21；2012，c.20，s.30.

安装于教育机构、图书馆、档案馆和博物馆的机器

教育机构等未侵权

30.3（1）教育机构或者图书馆、档案馆、博物馆并未侵害版权，只要

（a）作品复制品由机器制作，且该机器系以影印复制制作印刷形式的作品复制品；

（b）该机器由教育机构或者图书馆、档案馆、博物馆，或者经其同意，安装于其场所以供该教育机构的学生、教师、员工或者使用该图书馆、档案馆、博物馆的人使用；且

（c）以规定方式在规定位置张贴了侵害版权的警告声明。

适用

（2）就影印复制而言，第（1）款规定仅适用于下列情形：

（a）教育机构、图书馆、档案馆或者博物馆已与由版权人以许可授权代表该版权人的集体管理组织签订协议；

（b）版权委员会根据第70.2条，就许可设定了版权许可费和相关条件；

（c）根据第70.15条，收费标准已获批准；或者

（d）集体管理组织根据第70.13条已提出收费标准建议稿。

命令

（3）集体管理组织就第（2）款（a）项所指协议提出谈判或

者已开始谈判的，版权委员会应另一方当事人的请求，可命令该教育机构、图书馆、档案馆或者博物馆在该命令设定的期限内，视为可适用第（1）款的机构。

与版权人的协议

（4）教育机构、图书馆、档案馆或者博物馆已就影印复制与版权人而非集体管理组织签订协议的，第（1）款规定仅适用于该协议所涵盖的版权人的作品。

规章

（5）为实施第（1）款（c）项，总督会同枢密院应以规章规定张贴的方式、声明的位置以及其规格、形式和内容。

1997，c.24，s.18.

教育机构的图书馆、档案馆和博物馆

适用于教育机构的图书馆等

30.4 为进一步明确，第 29.4～30.3 条、第 45 条关于侵害版权的例外规定也适用于作为教育机构组成部分的图书馆、档案馆和博物馆。

1997，c.24，s.18.

加拿大国家图书馆和档案馆

被许可的行为

30.5《加拿大国家图书馆和档案馆法》中所指加拿大国家图书馆和档案馆实施下列行为的，不构成对版权的侵害：

（a）依该法第 8 条第（2）款规定的保存目的，因采集代表性样本而制作作品或者其他客体的复制品；

（b）如该法第 2 条所定义，录制依该法第 10 条第（1）款通过远程通信提供的出版物；

（c）如该法第 11 条第（2）款所定义，为实施该法第 11 条，制作录音的复制品；或者

（d）如《广播法》第 2 条第（1）款所定义，当某广播事业通过远程通信向公众传播作品或者其他客体时，制作为该传播所包含的作品或者其他客体的复制品。

1997，c.24，s.18；2004，c.11，s.25.

计算机程序

被许可的行为

30.6 经计算机程序的版权人认可的计算机程序复制品的所有者或者经许可有权使用计算机程序复制品的人实施下列行为的，不构成对计算机程序版权的侵害：

（a）以改编、修改或者转换的方式复制该作品，或者将其翻译成另一种计算机语言，只要其证明该复制品

（i）实质用于该计算机程序与特定计算机的兼容；

（ii）仅为其自用；

（iii）在其丧失该计算机程序复制品的所有权或者许可使用权后被立即销毁；或者

（b）为备份而复制该作品或者（a）项所指复制品，只要其证明该备份复制品在其丧失该计算机程序复制品的所有权或者许可使用权后被立即销毁。

1997，c.24，s.18；2012，c.20，s.31.

计算机程序的互操作性

30.61（1）经计算机程序的版权人认可的计算机程序复制品的所有者或者经许可有权使用计算机程序复制品的人复制该作品的，不构成对计算机程序版权的侵害，只要

（a）其复制该作品仅为了获得使该程序与另一计算机程序可

互操作所需的信息，而其原本就应获得该互操作的许可；以及

（b）其并未使用或披露该信息，使该程序与另一计算机程序可互操作或者测试该互操作性所必需的除外.

不受限制

（2）即使另一计算机程序包括了该互操作的信息并被出售、出租或者被以其他方式发行，第（1）款仍可适用于使用或者披露该信息为使该程序与另一计算机程序可互操作所必需的情形。

2012，c.20，s.31.

加密研究

加密研究

30. 62（1）根据第（2）款和第（3）款，为加密研究而复制作品或者其他客体的，不构成对版权的侵害，只要

（a）不制作该复制品就无法进行该研究；

（b）用于复制的作品或者其他客体系合法获得；

（c）已告知该作品或者其他客体的版权人。

限制

（2）该复制者利用或者披露通过该研究获得的信息，实施《刑事法典》规定的犯罪行为的，第（1）款规定不予适用。

限制——计算机程序

（3）该研究发现了该计算机程序的隐患或者安全漏洞，该复制者欲公之于众并就该隐患或者安全漏洞以及其公之于众的意图向该程序的版权人作了充分通知的，第（1）款规定可予适用；但在以下情形中无需作出该充分通知：相较于收到该充分通知的版权人利益，未经充分通知即将该隐患或者安全漏洞公之于众的公共利益更为重要。

2012，c.20，s.31.

安　全

安全

30.63（1）根据第（2）款和第（3）款，经计算机、计算机系统或者计算机网络的所有者或者管理者同意，仅为测试该计算机、计算机系统或者计算机网络的隐患或者修复安全漏洞而复制作品或者其他客体的，不构成对版权的侵害。

限制

（2）该复制者利用或者披露通过该测试或者修复获得的信息，实施《刑事法典》规定的犯罪行为的，第（1）款规定不予适用。

限制——计算机程序

（3）测试或者修复发现了计算机程序的隐患或者安全漏洞，复制者欲公之于众并就该隐患或者安全漏洞以及其公之于众的意图向该程序的版权人作了充分通知的，第（1）款规定可予适用；但在以下情形中无需作出该充分通知：相较于收到该充分通知的版权人利益，未经充分通知即将该隐患或者安全漏洞公之于众的公共利益更为重要。

2012，c.20，s.31.

偶尔包含

偶尔使用

30.7 下列情形不构成对版权的侵害：

（a）偶尔且非故意地将某作品或者其他客体包含于另一作品或者其他客体；或者

（b）针对因偶尔且非故意而被包含于另一作品或者其他客体的作品或者其他客体实施任何行为。

1997，c.24，s.18.

技术过程中的临时复制品

临时复制品

30.71 依下列条件复制作品或者其他客体的，不构成对版权的侵害：

（a）该复制构成某技术过程的实质部分；

（b）该复制的唯一目的在于促成非侵害版权的使用；以及

（c）该复制仅存在于该技术过程中。

2012，c.20，s.32.

暂时录制

暂时录制

30.8（1）广播事业依据本条录制或者复制表演者的现场表演、与现场表演同步表演的录音或者非电影作品，符合下列条件的，不构成对版权的侵害：

（a）经授权可通过远程通信向公众传播该表演者的表演、作品或者录音；

（b）为其自身播放而自身录制或者复制；

（c）并未将其与另一录音、表演者的表演或者作品的全部或者部分进行同步录制或者复制；以及

（d）并未导致该录制或者复制用于推销或者推广产品、服务、事业或者机构的广告。

记录保持

（2）广播事业必须记录所有录制品和复制品的制作和销毁日期以及任何其他有关该录制或者复制的规定信息，并且保持该记录更新。

版权所有人的接触权

（3）广播事业收到作品、录音或者表演者的表演的版权人的请求后，必须在 24 小时内向该请求人提供第（2）款所指记录。

销毁

（4）广播事业必须在录制或者复制之后的 30 日内销毁该录制品或者复制品，除非

（a）版权人许可其保留；或者

（b）依第（6）款规定，其已存放于档案馆。

版权许可费

（5）版权人许可在 30 日后保留该录制品或者复制品的，广播事业必须支付适当的版权许可费。

档案馆

（6）广播事业认为某录制品或者复制品具有典型的文献记录特征的，经官方档案馆同意，可将其存放于该档案馆且必须自存放之日起 30 日内通知版权人。

"官方档案馆"的定义

（7）第（6）款中的"官方档案馆"是指加拿大国家档案馆或者任何为保存各省的官方档案而依各省法律设立的档案馆。

适用

（8）录制或者复制该表演者的表演、作品或者录音的许可可以从集体管理组织获得的，本条不予适用。

通过网络的远程通信

（9）《广播法》所定义的广播事业在第（4）款所指期限内，可就某广播事业制作的录制品或者复制品制作单个复制品并通过远程通信向公众传播，只要其符合第（1）款设定的条件且系包括该广播事业的网络组成部分。

限制

（10）复制和通过远程通信向公众传播必须符合下列条件：

（a）以第（2）款~第（6）款为依据；以及

（b）在广播事业制作录制品或者复制品之日起30日内完成。

"广播事业"的定义

（11）本条中，"广播事业"是指

（a）如《广播法》第2条第（1）款所定义的广播事业；

（b）如《广播法》第2条第（1）款所定义，在广播网内自制节目的（a）项所指广播事业；或者

（c）如《广播法》第2条第（1）款所定义，发行其自制节目的广播节目发行事业。

该广播事业必须持有加拿大广播电视及通信委员会根据《广播法》签发的广播许可证，经该委员会免签的亦可。

1997，c.24，s.18；2004，c.11，s.26；2012，c.20，s.33.

暂时录制——广播事业

30.9（1）广播事业仅为其播放目的，依据本条复制录音或者包含在录音中的表演者的表演或者作品，符合下列条件的，不构成对版权的侵害：

（a）经版权人认可享有该录音、表演者的表演或者作品的复制品的所有权或者经许可有权使用该复制品；

（b）经授权可通过远程通信向公众传播该录音、表演者的表演或者作品；

（c）为其自身播放而自身复制；

（d）并未将其与另一录音、表演者的表演或者作品的全部或者部分进行同步复制；以及

（e）并未导致该复制用于推销或者推广产品、服务、事业或者机构的广告。

记录保持

（2）广播事业必须记录所有录制品和复制品的制作和销毁日期以及任何其他有关该录制或者复制的规定信息，并且保持该记录更新。

版权所有人的接触权

（3）广播事业收到作品、录音或者表演者的表演的版权人的请求后，必须在 24 小时内向该请求人提供第（2）款所指记录。

销毁

（4）广播事业不再享有录音或者包含在录音中的表演者的表演或者作品时，或者其使用录音、表演者的表演或者作品的许可已到期，或者在复制之后的 30 日内，必须销毁该复制品，除非版权人许可保留该复制品。

版权许可费

（5）版权人许可保留该复制品的，广播事业必须支付适当的版权许可费。

（6）［已废止，2012，c. 20，s. 34］。

"广播事业"的定义

（7）本条中，"广播事业"是指如《广播法》第 2 条第（1）款所定义且持有加拿大广播电视及通信委员会根据该法签发的广播许可证的广播事业。

1997，c. 24，s. 18；2012，c. 20，s. 34.

转　　播

释义

31.（1）本条中，

"新媒体转播者"是指唯因加拿大广播电视及通信委员以 CRTC 1997 - 197 号公告附录 A 发布的《新媒体广播事业豁免

令》（经不时修订），其转播才符合《广播法》的主体；

"转播者"是指所执行的功能与有线转播系统相当的主体，但不包括新媒体转播者；

"信号"是指携带了文学、戏剧、音乐或者艺术作品，其传播通过地面电台或者电视台由公众免费接收的信号。

本地信号和远程信号的转播

（2）转播者通过远程通信向公众传播文学、戏剧、音乐或者艺术作品，符合下列条件的，不构成对版权的侵害：

（a）传播是对本地信号或者远程信号的转播；

（b）转播依《广播法》是合法的；

（c）信号系同步转播且未经改动，加拿大的法律另有规定或者允许改动的除外；

（d）就远程信号转播而言，该转播者按照以本法为依据所设规定，支付了相关的版权许可费并遵守了相关的条件；以及

（e）若存在第（3）款（b）项所指的适用条件，则转播遵守了该条件。

规章

（3）总督会同枢密院可制定规章，

（a）为实施第（2）款，定义"本地信号"和"远程信号"；以及

（b）为实施第（2）款（e）项，规定条件并指定该条件适用于所有的转播者抑或某类转播者。

R. S.，1985，c. C-42，s. 31；R. S.，1985，c. 10（4th Supp.），s. 7；1988，c. 65，s. 63；1997，c. 24，ss. 16，52（F）；2002，c. 26，s. 2.

网络服务

网络服务

31. 1（1）有关互联网或者另一数字网络运行的服务提供者，并不仅因其通过互联网或者另一数字网络为作品或者其他客体的

远程通信或者复制提供手段而侵害作品或者其他客体的版权。

附带行为

（2）根据第（3）款，第（1）款所指服务提供者并不仅因其为提高远程通信效率对作品或者其他客体实施缓存或者类似行为而侵害作品或者其他客体的版权。

适用条件

（3）第（2）款并不适用，除非该服务提供者

（a）除技术原因以外，并未改动作品或者其他客体；

（b）确保关于缓存或者类似行为的指令得到阅读和执行，该指令由促成作品或者其他客体通过互联网或者另一数字网络远程传输的作品或者其他客体提供者以符合行业惯例的方式指定，并可自动被阅读与执行；以及

（c）不影响用于获取该作品或者其他客体的使用数据且符合法律、行业惯例的技术性使用。

托管

（4）根据第（5）款，为促成作品或者其他客体通过互联网或者另一数字网络远程传输而使他人得以存储该作品或者其他客体的数字存储空间提供者并不仅因其提供数字存储空间而侵害作品或者其他客体的版权。

适用条件

（5）数字存储空间提供者知道有合法管辖权的法院裁决其数字存储空间的作品或者其他客体存储者因复制所存储的作品或者其他客体，或者使用该作品或者其他客体的方式而侵害版权的，第（4）款规定并不适用于该作品或者其他客体。

例外

（6）第（1）款、第（2）款、第（4）款规定并不适用于依第27条第（2.3）款构成对版权的侵害行为。

2012，c.20，s.35.

知觉障碍者

替代形式的复制

32. （1）知觉障碍者、依知觉障碍者的请求而为者或者为知觉障碍者的利益而为之非营利性组织实施下列行为的，不构成对版权的侵害：

（a）以专为知觉障碍者而设计的形式，复制文学、音乐、艺术或者戏剧作品，电影作品除外；

（a.1）以专为知觉障碍者而设计的形式，固定文学、音乐、艺术或者戏剧作品的表演者的表演；

（a.2）以专为知觉障碍者而设计的形式，复制录音制品或者（a.1）项所称表演者的表演的录制品；

（b）以专为知觉障碍者而设计的形式，用手语翻译、改编或者复制文学或者戏剧作品，电影作品除外；

（b.1）以专为知觉障碍者而设计的形式，向知觉障碍者提供或者使其获得可适用于（a）～（b）项的作品或者其他客体，以及为此所实施的任何其他行为；或者

（c）用手语现场公开表演或者以专为知觉障碍者而设计的形式公开表演文学或者戏剧作品，电影作品除外。

限制

（2）以为满足第（1）款所称知觉障碍者的需要而专门设计的形式表现的作品或者其他客体，可在第2条"通过商业途径获得"定义（a）项所指意义上通过商业途径获得的，第（1）款规定不予适用。

（3）〔已废止，2016，c. 4，s. 1〕。

R.S.，1985，c. C-42，s.32；R.S.，1985，c. 10（4th Supp.），s.7；1997，c.24，s.19；2012，c.20，s. 36；2016，c.4，s.1.

印刷品阅读障碍——加拿大境外

32.01（1）根据本条，为印刷品阅读障碍者的利益而为之非营利性组织，从事下列行为的，不构成对版权的侵害：

（a）为从事（b）项规定的行为，

（i）以专为印刷品阅读障碍者而设计的形式，复制文学、音乐、艺术或戏剧作品，电影作品除外，

（ii）以专为印刷品阅读障碍者而设计的形式，录制文学、音乐、艺术或戏剧作品的表演者的表演，电影作品除外，或者

（iii）以专为印刷品阅读障碍者而设计的形式，复制录音制品或者（ii）目规定的表演者的表演的录制品；

（b）以专为印刷品阅读障碍者而设计的形式，为使下列任一主体获得或者使用（a）项（i）～（iii）目所涉作品或其他客体而从事的任何行为：

（i）加拿大以外国家的非营利性组织，该组织在其所属国为印刷品阅读障碍者的利益而为，或者

（ii）加拿大以外国家的印刷品阅读障碍者，该障碍者请求通过该国为印刷品阅读障碍者的利益而为之非营利性组织获得或者使用作品或其他客体。

在其他国家可以获得

（2）以专为印刷品阅读障碍者而设计的形式表现的作品或者其他客体，在合理时间内以合理价格，经合理努力可以在第（1）款（b）项所涉国家获得的，第（1）款（b）项规定不予适用。

《马拉喀什条约》成员国

（3）作品或者其他客体的版权人依第（1）款（b）项的例外规定，向非营利性组织主张权利的，仅能获得禁令救济，只要

（a）该项所称其他国家系《马拉喀什条约》成员国；以及

（b）该非营利性组织侵害版权的唯一原因是，如（2）项所规定，以该项所称形式表现的作品或者其他客体，可依该项规定

的条件获得。

版权人就以（2）项所称形式表现的作品或者其他客体，可依该项规定的条件获得，负举证责任。

非《马拉喀什条约》成员国

（3.1）作品或者其他客体的版权人依第（1）款（b）项的例外规定，向非营利性组织主张权利的，仅能获得禁令救济，只要

（a）该项所称其他国家不是《马拉喀什条约》成员国；

（b）该非营利性组织侵害版权的唯一原因是，如（2）项所规定，以该项所称形式表现的作品或者其他客体，可依该项规定的条件获得；以及

（c）该非营利性组织证明，其有合理理由相信，以（2）项所称形式表现的作品或者其他客体不曾获得，也不能依该项规定的条件获得。

版权许可费

（4）依第（1）款规定的例外情形而为的非营利性组织，应当根据法规，向版权人支付依该法规设定的版权许可费。

未找到版权人的情形

（5）该组织经合理努力仍未找到版权人的，应当根据法规，向集体管理组织支付依法规设定的版权许可费。

报告

（6）依第（1）款规定的例外情形而为的非营利性组织，应当根据法规，就其依本条所实施的行为，向主管部门提交报告。

法规

（7）总督会同枢密院可就下列事项制定法规：

（a）要求非营利性组织依第（1）款（b）项使印刷品阅读障碍者获得或使用作品或者其他客体之前，就作品或者其他客体的使用，与接收该作品或者其他客体的非营利性组织或者让印刷品阅读障碍者得以提出请求的非营利性组织签订协议；

（b）该协议的形式和内容；

（c）依第（4）款、第（5）款所应支付的版权许可费；

（d）依据第（5）款可得接受作品或者其他客体，或者某类作品或者其他客体的版权许可费的集体管理组织；

（e）第（5）款规定的合理努力的构成要件；

（f）依据第（6）款所需提交的报告以及接受报告的主管部门。

定义

（8）下列定义适用于本条。

"《马拉喀什条约》成员国"是指于 2013 年 6 月 27 日在马拉喀什缔结的《关于为盲人、视力障碍者或其他印刷品阅读障碍者获得已出版作品提供便利的马拉喀什条约》的成员国。

"印刷品阅读障碍"是指令人不能阅读原始形式的文学、音乐、戏剧作品的先天性或者后天性障碍，包括由下列原因引起的障碍：

（a）视力严重受损或者完全丧失，或者眼睛无法聚焦或者转动，

（b）无力拿住或者操作一本图书，

（c）理解力受损。

2012，c. 20，s. 37；2016，c. 4，s. 2.

非营利性组织的定义

32. 02 在第 32 条和 32.01 条中，"非营利性组织"包括属于政府序列的部门、机构或者其他组成部分，市政府或地方政府实施非营利性行为时，也包括在内。

2016，c. 4，s. 3.

法定义务

不构成侵权

32. 1（1）任何人实施下列行为的，不构成对版权的侵害：

（a）根据《获取信息法》披露该法所指记录，或者根据各省立法机关制定的类似法律披露类似材料；

（b）根据《隐私法》披露该法所指个人信息，或者根据各省立法机关制定的类似法律披露类似信息；

（c）制作《文化财产进出口法》第14条所指客体的复制品，以向该法指定的机构交存；

（d）为遵守《广播法》或者依该法制定的规则、规章或者其他法律文件而复制或者录制作品或者其他客体。

限制

（2）第（1）款（a）项或者（b）项并未授权记录或者信息向其披露之人实施依本法规定唯该记录版权人或者个人信息或者类似信息的所有者有权实施的行为。

录制品或者复制品的销毁

（3）依第（1）款（d）项制作的作品或者其他客体的复制品或者录制品，应当在《广播法》或者依该法制定的规则、规章或者其他法律文件规定的必要保存期届满时立即销毁。《广播法》另有规定的除外。

1997，c.24，s.19.

其他规定

被许可的行为

32.2（1）下列行为不构成对版权的侵害：

（a）艺术作品的作者并非其作品版权人时，作者自制其作品的模子、铸件、示意图、设计图、模型或者习作，且未因此而重复或者模仿该作品的主要设计；

（b）任何人在绘画、图纸、雕刻、照片或者电影作品中复制

（i）建筑作品，只要该复制品不构成建筑制图或者设计图，或者

（ii）永久设置于公共场所或者建筑物内的雕塑、美术工艺品，或者其铸件、模型；

（c）任何人为新闻报道或者新闻摘要而就公开发表的演说制作、出版报告，除非为醒目的手写或者印刷的声明所禁止，且该声明须在该演说之前及期间张贴于发表演说的建筑物的主要入口处以及靠近该演说者的位置，该建筑物用于公共礼拜时除外。

（d）任何人公开朗读或者朗诵已发表作品的合理片段；

（e）任何人为新闻报道或者新闻摘要而就公众集会上发表的政治性演讲制作、出版报告；

（f）个人为私人或者非商业目的，使用或者许可他人为以上目的使用经其委托并有偿制作的照片或者画像，该个人与照片或者画像的版权人另有约定的除外。

进一步被许可的行为

（2）在联邦、省、市主管部门主持或者批准的农业或者农业产业展览会或者交易会上实施下列行为，并非出于营利动机的，不构成对版权的侵害：

（a）现场公开表演音乐作品；

（b）公开表演包含音乐作品或者音乐作品的表演的录音；或者

（c）公开表演携带了下列信息的传播信号：

（i）音乐作品的现场公开表演，或者

（ii）包含音乐作品或者音乐作品的表演的录音。

（3）宗教组织或者机构、教育机构以及慈善或者互助组织为促进宗教、教育或者慈善事业而实施下列行为的，无需为此支付任何补偿费：

（a）现场公开表演音乐作品；

（b）公开表演包含音乐作品或者音乐作品的表演的录音；或者

（c）公开表演携带了下列信息的传播信号：

（i）音乐作品的现场公开表演，或者

（ii）包含音乐作品或者音乐作品的表演的录音。

1997，c.24，s.19；2012，c.20，s.38.

释　义

无权获得合理报酬

32.3 就第 29～32.2 条而言，不侵害版权的行为亦不触发第 19 条所规定的获得报酬权。

1997，c.24，s.19.

确认表演者和广播组织的版权前所实施行为的补偿

某些受保护的权利和利益

32.4（1）尽管存在第 27 条，1996 年 1 月 1 日和某成员方成为世界贸易组织成员之日相比较，日期较晚者之前，若该成员方已是世界贸易组织成员，则某行为自以上较晚日期以来依第 26 条将侵害版权，而某主体就该行为的实施或者准备实施已支出费用或者承担责任的，该主体所享有的

（a）来自或者有关该行为的实施，且

（b）于以上较晚日期仍然存续并有价值的

任何权利或者利益，并不仅因该成员方已成为世界贸易组织成员而受到损害或者削弱，版权委员会根据第 78 条第（3）款以命令加以规定的除外。

补偿

（2）尽管存在第（1）款，版权人按照与该主体的协议，或者协议不成时按照版权委员会根据第 78 条所作的决定，向该主体支付了补偿费的，该主体受第（1）款保护的权利或者利益于补偿费支付之时终止。

限制

（3）第（1）款、第（2）款规定并不影响表演者依据法律或者衡平法所获得的任何权利。

1997，c.24，s.19.

某些受保护的权利和利益

32.5（1）尽管存在第 27 条，第 2 章生效之日和某国家成为《罗马公约》成员国之日相比较，日期较晚者之前，若第 2 章已经生效或者该国家已是《罗马公约》成员国，则某行为自以上较晚日期以来依第 15 条或者第 21 条将侵害版权，而某主体就该行为的实施或者准备实施已支出费用或者承担责任的，该主体所享有的

（a）来自或者有关该行为的实施，且

（b）于以上较晚日期仍然存续并有价值的

任何权利或者利益，并不仅因第 2 章已经生效或者该国家已是《罗马公约》成员国而受到损害或者削弱，版权委员会根据第 78 条第（3）款以命令加以规定的除外。

补偿

（2）尽管存在第（1）款，版权人按照与该主体的协议，或者协议不成时按照版权委员会根据第 78 条所作的决定，向该主体支付了补偿费的，该主体受第（1）款保护的权利或者利益于补偿费支付之时终止。

限制

第（1）款、第（2）款规定并不影响表演者依据法律或者衡平法所获得的任何权利。

1997，c.24，s.19.

某些受保护的权利和利益

32.6 尽管存在第 27 条、第 28.1 条、第 28.2 条，第 15 条第

（1.1）款、第 17 条第（1）款或者第 18 条第（1.1）款适用于特定的表演者的表演或者录音日之前，若某行为发生于该日期之后则依以上条款将侵害版权，而该行为主体就该行为的实施或者准备实施已支出费用或者承担责任的，该主体所享有的来自或者有关该行为的实施，且于该日期仍然存续并有价值的任何权利或者利益，自本条生效之日起 2 年内，并不因以上关于表演者的表演或者录音的各条款的随后适用而受到损害或者削弱。

2012，c. 20，s. 39.

确认版权或者精神权利前所实施行为的补偿

某些受保护的权利和利益

33.（1）尽管存在第 27 条第（1）款、第（2）款、第（4）款和第 27.1 条、第 28.1 条、第 28.2 条，1996 年 1 月 1 日和某国家成为除《世界知识产权组织版权条约》成员国以外的条约成员国之日相比较，日期较晚者之前，若该国家已是以上条约成员国则某行为将侵害作品的版权或者精神权利，而该行为主体就该某行为的实施或者准备实施已支出费用或者承担责任的，该主体所享有的来自或者有关该行为的实施，且于以上较晚日期仍然存续并有价值的任何权利或者利益，并不仅因该国家已成为以上条约成员国而受到损害或者削弱，版权委员会根据第 78 条第（3）款以命令加以规定的除外。

补偿

（2）尽管存在第（1）款，版权人按照与该主体的协议，或者协议不成时按照版权委员会根据第 78 条所作的决定，向该主体支付了补偿费的，该主体受第（1）款保护、与版权人或者作者相对抗的权利或者利益于补偿费支付时终止。

R. S.，1985，c. C-42，s. 33；R. S.，1985，c. 10（4th Supp.），s. 7；1997，c. 24，s. 19；2012，c. 20，s. 40.

某些受保护的权利和利益

33.1（1）尽管存在第27条第（1）款、第（2）款、第（4）款和第27.1条、第28.1条、第28.2条，本条生效之日和《世界知识产权组织版权条约》成员国以外的其他条约成员国成为《世界知识产权组织版权条约》成员国之日相比较，日期较晚者之前，若该国家已是《世界知识产权组织版权条约》成员国则某行为将侵害第3条第（1）款（j）项所规定之权利，而该行为主体就该行为的实施或者准备实施已支出费用或者承担责任的，该主体所享有的来自或者有关该行为的实施，且于以上较晚日期仍然存续并有价值的任何权利或者利益，并不仅因该国家已成为《世界知识产权组织版权条约》成员国而受到损害或者削弱，版权委员会根据第78条第（3）款以命令加以规定的除外。

补偿

（2）尽管存在第（1）款，版权人按照与该主体的协议，或者协议不成时按照版权委员会根据第78条所作的决定，向该主体支付了补偿费的，该主体受第（1）款保护、与版权人或者作者相对抗的权利或者利益于补偿费支付时终止。

2012，c.20，s.41.

某些受保护的权利和利益

33.2（1）尽管存在第27条第（1）款、第（2）款、第（4）款和第27.1条、第28.1条、第28.2条，本条生效之日和非条约成员国成为《世界知识产权组织版权条约》成员国之日相比较，日期较晚者之前，若该国家已是《世界知识产权组织版权条约》成员国则某行为将侵害作品的版权或者精神权利，而该行为主体就该行为的实施或者准备实施已支出费用或者承担责任的，该主体所享有的来自或者有关该行为的实施，且于以上较晚日期仍然存续并有价值的任何权利或者利益，并不仅因该国家已成为

《世界知识产权组织版权条约》成员国而受到损害或者削弱，版权委员会根据第 78 条第（3）款以命令加以规定的除外。

补偿

（2）尽管存在第（1）款，版权人按照与该主体的协议，或者协议不成时按照版权委员会根据第 78 条所作的决定，向该主体支付了补偿费的，该主体受第（1）款保护、与版权人或者作者相对抗的权利或者利益于补偿费支付之时终止。

2012，c.20，s.41.

第4章 救 济

民事救济

对版权和精神权利的侵害

版权

34.（1）根据本法，版权受到侵害的，版权人有权获得侵权责任法律规定或者可能规定的禁令、损害赔偿、不当得利、交付以及其他方式等所有的救济。

精神权利

（2）在审理侵害精神权利的程序中，法院可授予精神权利享有者侵权责任法律规定或者可能规定的禁令、损害赔偿、不当得利、交付以及其他方式等所有的救济。

费用

（3）审理有关本法所赋权利被侵害的程序中，所有当事人的费用承担均由法院自由裁量。

简易程序

（4）下列程序可经申请或者起诉启动或者推进，于申请情形不得延期且须以简易方式审理、裁决：

（a）审理侵害版权或者精神权利的程序；

（b）依第 44.12 条、第 44.2 条或者第 44.4 条提起的程序；以及

（c）因下列原因提起的程序：

（i）由版权委员会根据第 7 章或者第 8 章核准的收费标准，

或者

（ii）第 70.12 条所指协议。

操作和程序

（5）经申请启动的程序适用于法院关于民事案件的操作和程序规则，但该规则对于不得延期且须以简易方式审理、裁决的程序没有规定的，法院可于其认为必要时就此作出指令。

诉讼

（6）就经申请启动的程序，审理法院可酌情指令该程序以诉讼方式进行。

"申请"的意义

（7）本条中，"申请"是指非以令状或者诉状启动的程序。

R.S.，1985，c. C-42，s. 34；R.S.，1985，c. 10（4th Supp.），s. 8；1993，c. 15，s. 3（E），c. 44，s. 65；1994，c. 47，s. 62；1997，c. 24，s. 20；2012，c. 20，s. 43.

关于版权和所有者的推定

34.1（1）依本法提起的民事程序中，被告就版权是否存在或者原告是否享有该版权提出争议的，

（a）如无相反证明，推定版权存在于作品、表演者的表演、录音或者通信信号；以及

（b）如无相反证明，推定作者、表演者、录音制作者或者广播组织为版权人。

无授权登记的情形

（2）第（1）款所指客体处于审理之中，且不存在依本法登记的版权转让或者授予版权中的利益的许可，

（a）若被声称为

（i）该作品的作者，

（ii）该表演的表演者，

（iii）该录音的制作者，或者

（iv）该通信信号的广播组织

的某名字以通常的方式印刷或者以其他形式标注在该客体上的，如无相反证明，推定其名字被如此印刷或者标记的主体为作者、表演者、录音制作者或者广播组织；

（b）若

（i）没有名字被如此印刷或者标记，或者被如此印刷或者标记的名字不是作者、表演者、录音制作者或者广播组织的本名或者公知的名字，且

（ii）被声称为该作品、表演、录音或者通信信号的出版者或者所有者的名字以通常的方式印刷或者以其他形式标注在该客体上的，

如无相反证明，推定其名字被（ii）目所规定方式印刷或者标注的主体为系争版权的所有者；

（c）若被声称为某电影作品的制作者的某名字以通常的方式出现在该电影作品上，如无相反证明，推定该名字所指向的主体为该电影作品的制作者。

1997，c.24，s.20；2012，c.20，s.44.

侵权责任

35. （1）侵害版权的，应当赔偿版权人因侵权所受损失，以及向版权人支付法院计算损失时，依其自由裁量未予考虑的、因该侵权行为所获的利润。

利润的证明

（2）证明侵权所获利润时，

（a）原告仅须证明因该侵权所得的收入；

（b）被告须证明其所主张的所有成本因素。

R.S.，1985，c.C-42，s.35；1997，c.24，s.20.

36. ［已废止，2012，c.20，s.45］。

37. 〔已废止，2012，c.20，s.45〕。

收回侵权复制品、印版的所有权

38. （1）根据第（2）款，某作品或者其他客体的侵权复制品以及用于或者意图用于制作侵权复制品的印版如同该作品或者其他客体的版权人的财产，版权人可

（a）收回该作品或者其他客体的侵权复制品以及用于或者意图用于制作侵权复制品的印版的所有权，并

（b）在判决之前提起程序申请扣押该侵权复制品和印版，只要依加拿大或者各省关于提起该程序的法律，其有权提起该程序。

法院的权力

（2）就

（a）第（1）款所指复制品或者印版所有权已由版权人自其处收回之人，

（b）在判决之前为扣押第（1）款所指复制品或者印版而被提起程序之人，或者

（c）与该复制品或者印版的利益有关的任何其他人

提起的申请，法院可下令销毁该复制品或者印版，或者酌情作出任何其他命令。

通知利害关系人

（3）依第（2）款作出命令之前，法院应当指令向与系争复制品或者印版的利益有关的任何人送达通知，除非法院认为不送达通知无碍于司法。

法院考虑的因素

（4）依第（2）款作出命令时，法院应当考虑所有因素，包括

（a）复制品或者印版相对于其载体的比例、重要性以及

价值；

（b）复制品或者印版与其载体可分割或者相区分的程度。

限制

（5）本法并未赋予版权人因持有或者转换侵权复制品或者印版而获得赔偿的权利。

R. S. ，1985，c. C-42，s. 38；1997，c. 24，s. 20.

法定赔偿

38. 1（1）根据本条，版权人在最终裁决作出之前，可选择获得由单个侵权人单独承担或者由两个以上的侵权人连带承担的下列数额的法定赔偿，以取代第 35 条第（1）款规定的损害赔偿和利润：

（a）就商业目的的侵权而言，就每件作品或者其他客体，对程序审理的所有侵害行为，法院酌情裁量不低于 500 加元且不高于 20000 加元的赔偿；

（b）就非商业目的的侵权而言，就每件作品或者其他客体，对程序审理的所有侵害行为，法院酌情裁量不低于 100 加元且不高于 5000 加元的赔偿。

有关第 27 条第（2.3）款的侵权

（1.1）因使用第 27 条第（2.3）款所指服务而实际侵害作品或者其他客体的版权的，须向作品或者其他客体承担法定赔偿责任。

视为——有关第 27 条第（2.3）款的侵权

（1.11）就第（1）款而言，有关第 27 条第（2.3）款的侵权视为以商业为目的。

不包含在程序中的侵权

（1.12）版权人就被告非商业目的侵权依第（1）款作出选择的，不得再就被告于选择作出的程序启动前实施的其他非商业目的侵权，获得本条所规定的法定赔偿。

无其他法定赔偿

（1.2）版权人就被告非商业目的侵权依第（1）款作出选择的，任何其他版权人不得再就被告于选择作出的程序启动前实施的其他非商业目的侵权，选择获得本条所规定的法定赔偿。

被告不知侵权的情形

（2）版权人依第（1）款作出选择，且被告能证明其不知道且没有合理理由相信其已侵害版权的，法院可将法定赔偿数额减至第（1）款（a）项规定的 500 加元以下，但不得少于 200 加元。

特殊情形

（3）法院根据第（1）款（a）项或者第（2）款判定每件作品或者其他客体的法定赔偿时，具备下列条件的，可依其自由裁量，视具体情形在 500 加元或者 200 加元以下进行判定：

（a）以下两种情况之一：

（i）单个载体载有两件以上的作品或者其他客体，或者

（ii）该数额的判定仅与第 27 条第（2.3）款规定的一个或多个侵权行为相关；以及

（b）法院认为，即使依该项或者该款所规定的最低数额判决，所判的总额仍会超出该侵权所占比例。

集体管理组织

（4）被告没有支付适当的版权许可费的，第 67 条所指集体管理组织仅能依本款作出选择，其所获法定赔偿总额或者由本法规定的其他金钱性质的救济，不得低于该适当许可费的 3 倍，也不得高于 10 倍，具体金额由法院酌定。

考虑因素

（5）法院根据第（1）款～第（4）款裁量时，应当考虑所有相关因素，包括

（a）被告的善意或者恶意；

（b）程序启动前和进行中当事人的行为；

（c）阻止其他侵害所涉版权的行为的需要；以及

（d）就非商业目的侵权而言，所判数额与所受侵害相适应的需要，无论该侵权是否出于私人目的，均需考虑被告因该赔偿可能陷入的困境以及原告因该侵权所受影响。

不判定法定赔偿

（6）于下列情形，不得判给法定赔偿：

（a）实施了第29.6条或者第29.7条所指行为的教育机构或者受其管理之人并未支付版权许可费或者遵守本法就该行为的实施所规定条件；

（b）教育机构、图书馆、档案馆和博物馆因第38.2条所指情形被起诉；

（c）违反第27条第（2）款（e）项或者第27.1条而侵害版权，但所涉复制品的制作已经其制作地所在国的版权人许可；或者

（d）教育机构因第30.02条第（7）款所指情形被起诉，或者受其管理之人因第30.02条第（8）款所指情形被起诉。

惩罚性损害赔偿不受影响

（7）依第（1）款所作选择并不影响版权人可能获得惩罚性损害赔偿的权利。

1997，c. 24，s. 20；2012，c. 20，s. 46.

所能获得的最高数额

38. 2（1）未授权集体管理组织就影印复制进行授权的作品版权人，在对复制其作品的教育机构、图书馆、档案馆和博物馆提起的程序中，可获得的最高赔偿数额，等同于集体管理组织若得到授权时，按照

（a）与该集体管理组织签订的协议；或者

（b）版权委员会根据第 70.15 条核准的收费标准；

就该影印复制所能收取的版权许可费。

与两个以上的集体管理组织签订协议

（2）若与两个以上的集体管理组织签订了影印复制授权协议，或者存在两种以上可适用的收费标准，或者授权协议与收费标准均可适用，则版权人所能获得的最高数额以以上协议或者收费标准中所约定或者规定的最高数额为准。

适用

（3）第（1）款和第（2）款仅适用于

（a）就该类作品的影印复制，集体管理组织有权进行授权或者该收费标准规定了需支付版权许可许可费；以及

（b）该种性质和程度的复制为该协议或者收费标准所涵盖。

1997，c. 24，s. 20.

被告不知道存在版权的仅适用禁令救济

39.（1）根据第（2）款，审理侵害版权的程序中，被告证明其于侵权之日，并不知道也没有合理理由怀疑该作品或者其他客体存在版权的，原告仅能获得禁令救济。

版权已经登记的例外

（2）版权在侵权日之前依本法正式登记的，第（1）款不予适用。

R. S.，1985，c. C-42，s. 39；1997，c. 24，s. 20.

全面禁令

39. 1（1）就侵害作品或者其他客体的版权而签发禁令时，法院可进一步禁止被告侵害任何其他作品或者客体的版权，只要

（a）原告是版权人或者经许可被授予版权中的利益之人；以及

（b）原告证明，被告很有可能侵害其他作品或者客体的版权，除非法院对此加以禁止。

禁令的适用

（2）依第（1）款签发的禁令可延伸适用于下列情形的作品或者其他客体：

（a）该程序启动时，原告并非其版权人或者经许可被授予版权中的利益之人；或者

（b）该程序启动，作品或者其他客体并不存在。

1997，c.24，s.20.

建筑物不适用禁令

40.（1）建筑中或者建筑完成后将侵害其他作品版权的建筑物或者其他构筑物已经动工的，被侵害的作品版权人无权获得禁止该建筑物或者构筑物施工的禁令，也无权获得将其拆毁的命令。

某些救济不予适用

（2）第（1）款适用情形不适用第 38 条和第 42 条的规定。

R.S.，1985，c.C-42，s.40；1997，c.24，s.21.

技术保护措施和权利管理信息

释义

41. 下列定义适用于本条以及第 41.1～41.21 条。

"避开"是指

（a）就"技术保护措施"定义（a）项所指技术保护措施而言，解扰扰码作品、解密加密作品或者以其他方式回避、绕过、移除、禁束、损坏该技术保护措施，经该版权人授权的除外；以及

（b）就"技术保护措施"定义（b）项所指技术保护措施而

言，回避、绕过、移除、停用或者损坏该技术保护措施。

"技术保护措施"是指在其正常运行过程中，可以执行下列任务的有效技术、装置或者部件：

（a）经版权人授权，用于控制对作品、固定在录音中的表演者的表演或者录音的接触；或者

（b）就作品、固定在录音中的表演者的表演或者录音，限制第3条、第15条或者第18条所指行为以及依第19条需支付报酬之行为的实施。

R. S.，1985，c. C-42，s. 41；R. S.，1985，c. 10（4th Supp.），s. 9；1997，c. 24，s. 22；2012，c. 20，s. 47.

禁止

41.1（1）任何人不得

（a）避开第41条"技术保护措施"定义（a）项所指技术保护措施；

（b）以下列方式向公众提供服务：

（i）提供该服务主要用于避开技术保护措施，

（ii）除用于避开技术保护措施之外，该服务的使用或者目的没有商业意义，或者

（iii）以可用于避开技术保护措施而推销该服务或者协同他人实施该行为；或者

（c）制造、进口、发行或者要约出售、出租、以包括出售或者出租在内的方式提供技术、装置或者部件，只要

（i）该技术、装置或者部件的设计或者生产主要用于避开技术措施，

（ii）除用于避开技术保护措施之外，该技术、装置或者部件的使用或者目的没有商业意义，或者

（iii）以可用于避开技术保护措施而推销该技术、装置或者部件，或者协同他人实施该行为。

技术保护措施的避开

（2）根据本法以及依第 41.21 条制定的规章，第（1）款（a）项所涉作品、固定在录音中的表演者的表演或者录音的版权人为对抗违反该项规定之人，有权通过针对侵害版权的法律规定或者可能规定的禁令、损害赔偿、问责、移交以及其他方式获得所有的救济。

无法定赔偿

（3）违反第（1）款（a）项的，该项所涉作品、固定在录音中的表演者的表演或者录音的版权人无权仅因私人目的违反该项而依第 38.1 条作出选择以获得法定赔偿。

服务、技术、装置或者部件

（4）根据本法以及依第 41.21 条制定的规章，因违反第（1）款（b）项或者（c）项规定而已经或者可以避开有关各该项所涉作品、固定在录音中的表演者的表演或者录音的技术保护措施的，所涉任一版权人为对抗违反各该项规定之人，有权通过针对侵害版权的法律规定或者可能规定的禁令、损害赔偿、问责、移交以及其他方式获得所有的救济。

2012，c. 20，s. 47.

法律执行和国家安全

41.11（1）因有关执行议会法律或者各省立法机关制定的法律的调查或者有关保卫国家安全的活动而避开技术保护措施的，第 41.1 条第（1）款（a）项不予适用。

服务

（2）第 41.1 条第（1）款（b）项不适用于由负责实施以上调查或者活动的人提供的服务或者向其提供的服务。

技术、装置或者部件

（3）技术、装置或者部件由负责实施以上调查或者活动的人制造、进口或者提供的，或者作为向其提供的服务而制造、进口、为出售或者出租而提供的，第41.1条第（1）款（c）项不予适用。

2012，c.20，s.47.

计算机程序的互操作性

41.12（1）某计算机程序或者其复制品的所有者或者经许可有权使用该计算机程序或者复制品的人，仅为获得使该计算机程序与另一计算机程序可互操作所需的信息而避开保护该计算机程序或者其复制品的技术保护措施的，第41.1条第（1）款（a）项不予适用。

服务

（2）为使某计算机程序与任何其他计算机程序可互操作而向公众提供用于避开技术保护措施的服务的，第41.1条第（1）款（b）项不予适用。

技术、装置或者部件

（3）第41条第（1）款（c）项不适用于制造、进口或者提供用于避开技术保护措施的技术、装置或者部件的目的在于使某计算机程序与任何其他计算机程序可互操作，以及

（a）仅为该目的使用该技术、装置或者部件；或者

（b）仅为该目的向他人提供该技术、装置或者部件。

共享信息

（4）第（1）款所指主体为让他人能够使该计算机程序与任何其他计算机程序互操作，可向其传输依该款所获得的信息。

限制

（5）第（3）款所指技术、装置、部件或者第（4）款所指信息的接收者仅可为使该计算机程序与任何其他计算机程序可互操作而使用该技术、装置、部件或者该信息。

不适用

（6）但是，为使该计算机程序与任何其他计算机程序可互操作的人实施了侵害版权的行为的，他人无权从第（1）款～第（3）款或者第（5）款所作例外规定获益。

（7）再者，为使该计算机程序与任何其他计算机程序可互操作的人实施了侵害版权或者违反议会法律、各省立法机关制定的法律的行为的，他人无权从第（4）款所作例外规定获益。

2012，c. 20，s. 47.

加密研究

41. 13（1）第 41.1 条第（1）款（a）项不适用于为加密研究而以解密手段避开技术保护措施之人，只要

（a）不避开该技术措施无法进行该研究；

（b）以该技术保护措施保护的作品、固定在录音中的表演者的表演或者录音系合法获得；

（c）已告知适用了该技术保护措施的作品、固定在录音中的表演者的表演或者录音的版权人。

不适用

（2）但是，于第（1）款所指情形的行为人实施了侵害版权或者违反议会法律、各省立法机关制定的法律的行为的，其无权从该款所作例外规定获益。

技术、装置或者部件

（3）第 41.1 条第（1）款（c）项不适用于第（1）款所指之人为加密研究制造用于避开第 41.1 条第（1）款（a）项所涉技术保护措施的技术、装置或者部件且

（a）仅为该目的使用该技术、装置或者部件；或者

（b）仅为该目的向其合作者提供该技术、装置或者部件。

2012，c. 20，s. 47.

个人信息

41.14 （1）第 41.1 条第（1）款（a）项不适用于符合下列条件的避开技术保护措施的情形：

（a）以技术保护措施保护的作品、固定在录音中的表演者的表演或者录音并未附随声明以告知，对该作品、表演或者录音的使用即表示允许第三人收集和传输有关该使用者的个人信息，或者附随了声明，但并未设有选项以使使用者可在使用不受限制的条件下阻止个人信息被收集和传输；且

（b）避开该技术保护措施的唯一目的，在于检测其是否允许收集和传输个人信息，进而加以阻止。

服务、技术、装置或者部件

（2）为依第（1）款避开技术保护措施而向公众提供服务或者制造、进口、提供技术、装置、部件的，在该服务、技术、装置或者部件并未过度损坏技术保护措施的限度内，第 41.1 条第（1）款（b）项和（c）项不予适用。

2012，c. 20，s. 47.

安全

41.15 （1）经计算机、计算机系统或者计算机网络的所有者或者管理者同意，仅为测试计算机、计算机系统或者计算机网络的隐患或者修复安全漏洞而避开第 41.1 条第（1）款（a）项所涉技术保护措施的，第 41.1 条第（1）款（a）项不予适用。

服务

（2）第 41.1 条第（1）款（b）项不适用于向第（1）款所涉主体提供的服务。

技术、装置或者部件

（3）技术、装置或者部件由第（1）款所涉主体制造、进口

的，或者作为向其提供的服务而制造、进口、以包括出售或者出租在内的方式提供或者要约出售、出租、发行的，第 41.1 条第（1）款（c）项不予适用。

不适用

（4）于第（1）款所指情形的行为人实施了侵害版权或者违反议会法律、各省立法机关制定的法律的行为的，其无权从该款所作例外规定获益。

2012，c. 20，s. 47.

知觉障碍者

41. 16（1）第 41.1 条第（1）款（a）项规定不适用于知觉障碍者、依知觉障碍者的请求而为者或者如第 32.02 条所定义的为知觉障碍者的利益而为之非营利性组织，只要该行为人或者该组织仅为下列一项或多项而避开技术保护措施：

（a）制作知觉障碍者能够感知的作品、固定在录音中的表演者的表演或者录音；

（b）许可他人或者第 32 条第（1）款规定的非营利性组织从第 32 条所设例外规定中获益；

（c）许可第 32.01 条第（1）款规定的非营利性组织从第 32.01 条所设例外规定中获益。

服务、技术、装置或者部件

（2）向第（1）款所称行为人或者非营利性组织提供服务的，或者仅为其能依据该款避开技术保护措施而制造、进口、提供技术、装置、部件的，第 41.1 条第（1）款（b）项和（c）项不予适用。

2012，c. 20，s. 47；2016，c. 4，s. 4.

广播事业

41. 17 第 41.1 条第（1）款（a）项不适用于广播事业仅为

依第 30.9 条制作作品、固定在录音中的表演者的表演或者录音的暂时复制品而避开技术保护措施的情形，除非受该技术保护措施保护的作品、固定在录音中的表演者的表演或者录音的版权人提供了能够及时制作以上复制品以满足该广播事业的业务需求的必要手段。

2012，c. 20，s. 47.

无线电装置

41. 18（1）仅为借助无线电装置接收远程通信服务而避开该无线电装置的技术保护措施的，第 41.1 条第（1）款（a）项不予适用。

服务、技术、装置或者部件

（2）仅为便于借助无线电装置接收远程通信服务而向公众提供服务或者制造、进口、提供技术、装置、部件的，第 41.1 条第（1）款（b）项和（c）项不予适用。

定义

（3）下列定义适用于本条。

"无线电装置"与《无线电信法》第 2 条同义。

"远程通信服务"与《无线电信法》第 2 条第（1）款同义。

2012，c. 20，s. 47.

损害赔偿的减少

41. 19 被告能够证明其不知道也没有合理理由相信其行为违反了第 41.1 条第（1）款的，法院可减免其依该款规定的情形所判定的损害赔偿数额。

2012，c. 20，s. 47.

只有禁令救济

41. 2 法院认定作为被告的图书馆、档案馆、博物馆和教育机构违反了第41.1条第（1）款，且被告能够证明其不知道也没有合理理由相信其行为违反了该款的，原告只能获得禁令救济。

2012，c. 20，s. 47.

规章

41.21（1）总督会同枢密院可制定规章，排除第41.1条规定的技术保护措施或者其中某类对作品、固定在录音中的表演者的表演、录音或者其中某类的适用，只要总督会同枢密院认为技术保护措施或者其中某类在该领域的适用将过度限制适用了该技术保护措施的售后市场的竞争。

（2）总督会同枢密院可制定规章，

（a）考虑下列因素后，规定第41.1条第（1）款（a）项不予适用的例外情形：

（i）根据该项规定，不允许避开技术保护措施，是否会不当影响经授权对作品、固定在录音中的表演者的表演或者录音的使用，

（ii）作品、固定在录音中的表演者的表演或者录音是否可以通过商业途径获得，

（iii）根据该项规定，不允许避开技术保护措施，是否会不当影响有关该作品、固定在录音中的表演者的表演或者录音的批评、评论、新闻报道、新闻评论、戏仿、讽刺、教学、学术或者研究，

（iv）根据该项规定，不允许避开技术保护措施，是否会不当影响该作品、固定在录音中的表演者的表演或者录音的市场或者其市场价值，

（v）该作品、固定在录音中的表演者的表演或者录音是否可以通过商业途径获得，且其载体和质量适于非营利性存档、保留或者教育使用，以及

（vi）任何其他相关因素；

（b）要求受技术保护措施保护的作品、固定在录音中的表演者的表演或者录音的版权人向有权依第（a）款从第 41.1 条第（1）款（a）项的适用限制受益之人提供该作品、固定在录音中的表演者的表演或者录音。该规章可规定提供的方式、时限以及该版权人应当遵守的任何条件。

2012，c.20，s.47.

禁止——权利管理信息

41. 22（1）未经作品、表演者的表演或者录音的版权人的许可，任何人不得故意删除或者改变电子形式的权利管理信息；只要其知道或者应当知道该删除或者改变将助长或者隐瞒对版权人的侵害，或者不当影响第 19 条规定的版权人的获得报酬权。

权利管理信息的删除或者改变

（2）根据本法，作品、固定在录音中的表演者的表演或者录音的版权人针对违反第（1）款规定之人，有权获得制裁侵害版权的法律规定或者可能规定的禁令、损害赔偿、不当得利、交付以及其他方式等所有的救济。

后续行为

（3）知道或者应当知道相关权利管理信息被删除或者改变至足以导致第（2）款所规定的救济，仍然未经版权人许可，对物质形式的作品、固定在录音中的表演者的表演或者录音制品故意实施下列行为的，该款所指版权人可以相同救济措施对抗该行为实施人：

（a）出售或者出租；

（b）发行至损害版权人的程度；

（c）以交易的方式发行、为出售或者出租而展示或者要约、公开展览；

（d）为实施（a）项～（c）项行为而进口至加拿大；或者

（e）通过远程通信向公众传播。

"权利管理信息"的定义

（4）本条中，"权利管理信息"是指该信息

（a）附着于或者包含于作品、固定在录音中的表演者的表演或者录音，或者通过远程通信向公众传播时连同出现；且其

（b）确认或者允许确认作品及其作者、表演及其表演者、录音及其录制者，或者作品、表演、录音中任何权利的持有者以及有关该作品、表演、录音的使用条件。

2012，c.20，s.47.

一般规定

独立权利的保护

41. 23（1）根据本条，版权人或者经书面转让或者授权自版权人处获得任何权利或者利益之人，为其自身利益，可以自身名义作为一方当事人参加程序，保护和行使其所持有的任何权利；在该权利或者利益的限度内，其有权获得本法规定的救济。

版权人成为一方当事人

（2）非版权人依第（1）款提起程序的，版权人应当成为该程序的一方当事人，下列程序除外：

（a）依第44.12条、第44.2条或者第44.4条提起的程序；

（b）中间程序，法院认为出于司法需要，版权人应当成为当事人的除外；或者

（c）法院认为版权人不成为其中当事人无碍于司法的其他任何程序。

版权人的承担费用的责任

（3）版权人依第（2）款成为程序一方当事人的，不承担任何程序费用，其提起该程序的除外。

损害赔偿金或者利润的分配

（4）版权人依第（2）款成为程序一方当事人的，法院判定损害赔偿金或者侵权所得利润时，应当根据程序提起人与版权人之间的协议，在二者之间酌情分配第 35 条第（1）款提及的损害赔偿金或者侵权所得利润。

2012，c. 20，s. 47. 2014，c. 32，s.

联邦法院的共同管辖权

41.24 除依第 42 条、第 43 条对犯罪行为提起的刑事诉讼以外，联邦法院就执行本法之规定或者本法提供之民事救济得与各省法院共同行使管辖权，审理和裁决所有的案件。

2012，c. 20，s. 47.

关于网络服务提供者和信息定位工具的规定

侵权警告通知

41.25（1）作品或者其他客体的版权人可向下列事项的提供者送达侵权警告通知：

（a）在提供有关互联网或者另一数字网络运行服务的过程中，侵权警告通知所涉电子搜索据以连接到互联网或者另一数字网络的远程通信手段；

（b）基于第 31.1 条第（4）款所设目的，用于侵权警告通知所涉电子搜索的数字存储器；

（c）第 41.27 条第（5）款所定义的信息定位工具。

通知的形式和内容

（2）侵权警告通知应当符合规章可能规定的书面形式，还应当

（a）列明警告人的名字、地址以及规章规定能够联系到警告人的任何其他特定事项；

（b）确认该侵权警告通知所涉的作品或者其他客体；

（c）列明警告人就作品或者其他客体的版权所享有的利益或者权利；

（d）指出侵权警告通知所涉电子搜索的位置数据；

（e）指出所警告的侵权行为；

（f）指出所警告的侵权行为发生的日期和时间；以及

（g）包含规章可能规定的任何其他信息。

2012，c. 20，s. 47.

有关通知的义务

41. 26（1）第 41. 25 条第（1）款（a）项或者（b）项所规定之人收到符合第 41. 25 条第（2）款的侵权警告通知的，基于其因实施行为而合法收取的任何费用，应当

（a）尽快将该通知电子发送给该通知所示位置数据确认的电子搜索的所有者，并告知警告人，或者在可能的情况下，告知警告人其无法发送该通知的原因；且

（b）自其收到侵权警告通知之日起，将此后允许确定的电子搜索所有者确认的记录保留 6 个月，警告人在该 6 个月结束之前，就警告所涉侵权提起程序并已向其通知的，则自其收到该侵权警告通知之日起将该记录保留 1 年。

有关通知的费用

（2）部长可以规章设定因履行第（1）款规定的义务而收取费用的最高数额。规章未设定最高数额的，不得因履行该款规定的义务而收取任何费用。

有关通知的赔偿金

（3）第（1）款规定的义务未予履行的，警告人只能获得法院酌定的不低于 5000 加元且不高于 10000 加元的法定赔偿的救济。

规章——数额的改变

（4）总督会同枢密院可以规章增加或者减少第（3）款所设

法定赔偿的最低数额或者最高数额。

2012，c. 20，s. 47.

仅限禁令救济——信息定位工具提供者

41. 27 （1）在任何审理侵害版权的程序中，作品或者其他客体的版权人针对因制作该作品或者其他客体的复制品或者通过远程通信向公众传输该复制品而被判定侵害版权的信息定位工具提供者，仅能获得禁令救济。

适用条件

（2）第（1）款规定仅适用于该提供者就作品或者其他客体，

（a）为提供该信息定位工具而以自动方式复制和缓存或者实施类似缓存的行为；

（b）为提供以该信息定位工具搜索到的信息而通过远程通信向公众传输其复制品；

（c）除技术原因以外，并未改变该复制品；

（d）遵守有关复制、缓存或者实施类似缓存的行为，或者通过远程通信向公众传输其复制品的条件，该条件由通过互联网或者另一数字网络提供该作品或者其他客体的主体以符合行业惯例的方式指定，并可自动被阅读与执行；且

（e）不影响用于获取该作品或者其他客体的使用数据且符合法律、行业惯例的技术的使用。

限制

（3）该提供者收到符合第 41. 25 条第（2）款的有关作品或者其他客体的侵权警告通知时，作品或者其他客体已从该通知所涉电子搜索删除的，第（1）款适用于从该电子搜索制作的复制品，以自该提供者收到该通知之日起 30 日内或者规章规定的期限内发生的侵权行为为限。

例外

（4）依第 27 条第（2.3）款，提供信息定位工具构成侵害版

权的，第（1）款不适用于该工具的提供。

因素——禁令的范围

（4.1）法院于第（1）款情形签发禁令的，应当结合其他相关因素，考虑下列确立禁令的条件：

（a）若不采取措施阻止或者制止该侵权行为，版权人可能遭受的损害；以及

（b）该提供者以及该信息定位工具的运行所承受的负担，包括

（i）该禁令和源于其他程序的禁令的总体影响，

（ii）该禁令的执行对于处置该侵权在技术上是否可靠和有效，

（iii）该禁令的执行是否会影响到该信息定位工具的非侵权性使用，以及

（iv）是否具有负担更低、效率更高的阻止或者制止该侵权行为的手段。

限制

（4.2）提供者已受制于依第（1）款所签发的禁令的，法院不得再依第 39.1 条向其签发禁令。

"信息定位工具"的意义

（5）本条中，"信息定位工具"是指可以通过互联网或者另一数字网络获得的、能够搜索信息的任何工具。

2012，c.20，s.47.

刑事救济

犯罪

42.（1）任何人故意

（a）为出售或者出租而制作享有版权的作品或者其他客体的

侵权复制品，

（b）出售或者出租，或者以交易的方式为出售或者出租而展示，或者以交易的方式要约出售或者出租享有版权的作品或者其他客体的侵权复制品，

（c）为交易目的发行享有版权的作品或者其他客体的侵权复制品，或者发行至损害版权人的程度，

（d）以交易的方式公开展览享有版权的作品或者其他客体的侵权复制品，或者

（e）为出售或者出租将享有版权的作品或者其他客体的侵权复制品进口到加拿大

均构成犯罪，且须

（f）经简易程序定罪，判处 25000 加元以下罚金或者 6 个月以下监禁，或者二者并处，或者

（g）经公诉程序定罪，判处 100 万加元以下罚金或者 5 年以下监禁，或者二者并处。

持有和表演的犯罪

（2）任何人故意实施下列行为的，均构成犯罪：

（a）制作或者持有为制作享有版权的作品或者其他客体的侵权复制品而专门设计或者改变的印版，或者

（b）未经版权人许可，为牟取私利导致享有版权的作品或者其他客体被公开表演。

刑罚

（2.1）依照第（1）款或者第（2）款构成犯罪的，

（a）经公诉程序定罪，判处 100 万加元以下罚金或者 5 年以下监禁，或者二者并处；或者

（b）经简易程序定罪，判处 25000 加元以下罚金或者 6 个月以下监禁，或者二者并处。

法院处置复制品或者印版的权力

（3）依本条提起的程序的受理法院定罪之时，可命令将所有

的作品或者其他客体的侵权复制品、犯罪行为人持有的所有主要用于制作侵权复制品的印版销毁或者移交给版权人，或者由法院酌情以其他方式处置。

通知

（3.01）依第（3）款作出命令之前，法院应当指令向复制品或者印版所有人以及法院认为对复制品或者印版利益享有权利的任何人送达通知，除非法院认为不送达通知无碍于司法。

技术保护措施的避开

（3.1）除代表图书馆、档案馆、博物馆或者教育机构而为者以外，为商业目的故意违反第41.1条的，构成犯罪，且须

（a）经公诉程序定罪，判处100万加元以下罚金或者5年以下监禁，或者二者并处；或者

（b）经简易程序定罪，判处25000加元以下罚金或者6个月以下监禁，或者二者并处。

期限

（4）对本条所规定的犯罪行为适用简易程序的，该诉讼可自犯罪行为发生后两年内提起。

图书的平行进口

（5）根据第27.1条进口图书或者以该条规定的方式处置进口图书的，不得根据本条对其提起诉讼。

R.S.，1985，c.C-42，s.42；R.S.，1985，c.10（4th Supp.），s.10；1997，c.24，s.24；2012，c.20，s.48.

对戏剧、歌剧或者音乐作品的侵害

43.（1）任何人未经版权人或者其合法代表书面许可，为牟取私利故意以构成侵权的方式，公开表演或者导致公开表演在加拿大享有版权的戏剧、歌剧作品或者音乐作品的全部或者片段，均构成犯罪且经简易程序判处250加元罚金；再犯或者持续再犯

的，处以上罚金或者 2 个月以下监禁，或者二者并处。

标题或者作者名字的改变或者掩盖

（2）任何人改变或者掩盖，或者导致改变或者掩盖在加拿大享有版权的戏剧、歌剧作品或者音乐作品的标题或者其作者名字，或者为牟取私利，未经作者或者其合法代表的书面许可，为使该作品的全部或者片段能够公开表演而改变或者导致改变该作品本身，均构成犯罪且经简易程序判处 500 加元罚金；再犯或者持续再犯的，处以上罚金或者 4 个月以下监禁，或者二者并处。

R. S.，c. C-30，s. 26.

诉讼时效期间

民事救济的诉讼时效期间

43. 1（1）法院可于下列期间内，根据第（2）款，针对违反本法的任何作为或者不作为提供救济措施：

（a）原告知道或者应当知道该作为或者不作为发生时间的，对导致救济的作为或者不作为的程序须在该行为发生后 3 年以内提起；或者

（b）原告不知道且不应当知道该作为或者不作为发生时间的，对导致救济的作为或者不作为的程序须在原告首次知道或者应当知道后 3 年以内提出。

限制

（2）法院应当仅对主张了诉讼时效的当事人适用第（1）款（a）项或者（b）项规定的诉讼时效期间。

1994，c. 47，s. 64；1997，c. 24，s. 25；2012，c. 20，s. 49.

进口和出口

释 义

定义

44. 下列定义适用于第 44.02～44.4 条。

"法院"是指联邦法院或者各省高级法院。

"海关官员"是指《海关法》第 2 条第（1）款所称"官员"。

"关税"与《海关法》第 2 条第（1）款中的定义相同。

"部长"是指公共安全暨急难防备部部长。

"放行"与《海关法》第 2 条第（1）款中的定义相同。

"工作日"是指除星期六与节假日以外的日期。

R. S.，1985，c. C-42，s. 44；R. S.，1985，c. 41（3rd Supp.），s 116；1997，c. 36，s. 205；1999，c. 17，s. 119；2005，c. 38，s. 139；2014，c. 32，s. 5.

由海关官员实施的禁止和扣留

禁 止

禁止进口或出口

44.01（1）于下列情形，享有版权的作品或者其他客体的复制品不得进口或出口：

（a）未经制作地所在国的版权人许可而制作；且

（b）侵害版权，或者未在加拿大境内制作，但若由其制作者在加拿大境内制作将侵害版权。

例外

（2）第（1）款不适用于

（a）由个人携带或以行李进口或者出口的复制品，只要包括

复制品的数量等情形显示，该复制品将仅用于个人使用；或者

（b）从加拿大境外某地运送至另一地的复制品，该复制品在加拿大境内处于海关过境监管或者海关转运监管之中。

2014，c. 32，s. 5.

救济请求

救济请求

44.02（1）作品或者其他客体的版权人，可以以部长指定的形式与方式，向部长提交救济请求，针对违反第 44.01 条而进口或者出口的复制品，寻求本法规定的救济。

请求中的信息

（2）救济请求应当包含版权人的名字、在加拿大的住址以及部长要求提供的其他信息，包括所涉作品或者其他客体的信息。

有效期

（3）救济请求自部长准予之日起两年内有效。部长应版权人的请求，可以将有效期延长 2 年，且可以多次延长。

担保

（4）作为准予救济请求或者延长请求有效期的条件，部长可以要求版权人按部长确定的金额和形式，提供担保，以支付版权人需依第 44.07 条承担责任时的赔偿金。

更新

（5）版权人应当在可能范围内，就下列变化尽快告知部长：

（a）请求对其给予救济的版权的存续状况；或者

（b）该版权的权利人状况。

2014，c. 32，s. 5.

有关被扣留物品的措施

海关官员提供信息

44.03 海关官员依据《海关法》第 101 条扣留作品或者其他客体的复制品时，为获得复制品的进口或者出口是否为第 44.01 条所禁止的相关信息，可依其自由裁量，向作品或者其他客体的版权人提供复制品样品以及海关官员合理相信复制品并未直接或间接指向他人的信息。

2014，c. 32，s. 5.

为寻求救济提供信息

44.04（1）若部长已经准予了作品或者其他客体的版权人提出的救济请求，海关官员依据《海关法》第 101 条扣留作品或者其他客体的复制品，并且有合理理由怀疑复制品的进口或出口为第 44.01 条所禁止时，可依其自由裁量，向版权人提供复制品样品以及有助于他们依据本法寻求救济的有关复制品的信息，例如

（a）复制品及其特征的描述；

（b）复制品所有者、进口者、出口者、收货人或者制作者的名字与住址；

（c）复制品数量；

（d）复制品的制作地所属国和运送中的过境国；以及

（e）如适用，复制品的进口日。

扣留

（2）根据第（3）款，海关官员为执行第 44.01 条扣留复制品的，自其依据第（1）款向版权人首次发送或使版权人可获得样品或者信息之日起，不得超过 10 个工作日，复制品系鲜活商品的，不得超过 5 日。复制品因执行第 44.01 条而被扣留时，应版权人的请求，海关官员可酌情延长扣留非鲜活性复制品的期

限，但不得超过 10 个工作日。

诉讼通知

（3）若在复制品不再因执行第 44.01 条而被扣留之前，版权人以部长指定的方式，向部长提供了其已向法院提起诉讼的文件副本，该诉讼系针对被扣留的复制品，为获得本法规定的救济而向法院提出，则海关官员应当继续扣留该复制品，直至部长以书面形式告知

（a）该诉讼已经完结、和解或者撤诉；

（b）法院裁决因诉讼复制品不再被扣留；

（c）版权人同意不再扣留复制品。

继续扣留

（4）第（3）款（a）～（c）项规定情形的发生，并不排除海关官员因诉讼以外的事由而依《海关法》继续扣留复制品。

信息利用的限制——第 44.03 条

44.05（1）收到根据第 44.03 条提供的样品或者信息的任何人，除向海关官员提供关于复制品是否应依第 44.01 条禁止进口或者出口的信息以外，不得利用该信息或者基于该样品的信息。

信息利用的限制——第 44.04（1）条

（2）收到根据第 44.03 条提供的样品或者信息的任何人，除为依据本法寻求救济外，不得利用该信息或者基于该样品的信息。

为进一步明确

（3）为进一步明确，第（2）款并不禁止为达成庭外和解而就该复制品的信息进行保密通信。

查验

44.06 海关官员依据第 44.04 条第（1）款提供样品或者信

息后，可依其自由裁量，向被扣留复制品的所有者、进口者、出口者、收货人以及版权人提供查验复制品的机会。

付费义务

44.07（1）依据第 44.04 条第（1）款收到样品或者信息的版权人，应当就被扣留复制品，向加拿大女王陛下支付仓储费和装卸费——如果可能，还包括销毁费，计费期间为自海关官员依据该款向版权人首次发送或使版权人可获得样品或者信息之日起，至下列任一情形发生之日止：

（a）复制品不再因执行第 44.01 条而被扣留，或者因第 44.04 条第（3）款所称诉讼而不再被扣留；

（b）部长收到版权人的书面通知，该通知声明，就版权人的版权而言，复制品的进口或者出口并不违反第 44.01 条；

（c）部长收到版权人的书面通知，该通知声明，尽管复制品因执行第 44.01 条而被扣留，但版权人不会为寻求本法规定的救济而针对复制品提起诉讼。

例外——第（1）款（a）项

（2）尽管存在第（1）款（a）项，若复制品依据第 39 条第（1）款被没收，且部长在复制品不再因执行第 44.01 条而被扣留之前，未收到为寻求本法规定的救济而针对复制品向法院提起诉讼的文件副本，或者第（1）款（b）项或者（c）项所称书面通知，则计费期间自复制品被没收之日终止。

例外——第（1）款（c）项

（3）尽管存在第（1）款（c）项，若在部长收到该项所称通知后，复制品依据第 39 条第（1）款被没收，则计费期间自复制品被没收之日终止。

连带责任或者共同责任

（4）依据第（2）款或者第（3）款规定的情形而被没收的复

制品的所有者、进口者或者出口者，就版权人按照第（1）款支付的在下列期间发生的所有费用，负连带责任或者共同责任：

（a）于第（2）款所规定情形，计费期间自复制品不再因执行第 44.01 条而被扣留之日起，至复制品被没收之日止；以及

（b）于第（2）款所规定情形，计费期间自部长收到第（1）款（c）项所称书面通知之日起，至复制品被没收之日止。

例外

（5）于下列情形，第（1）～（3）款不予适用：

（a）因执行第 44.01 条而对复制品实施的扣留，在海关官员依据第 44.04 条第（1）款首次发送或使版权人可获得样品或者信息之日后，10 个工作日届满前被解除，复制品系鲜活商品的，则在 5 日届满前被解释；以及

（b）直至扣留被解除，部长并未收到为寻求本法规定的救济而针对被扣留的复制品向法院提起诉讼的文件副本，或者第（1）款（b）项或者（c）项所称书面通知。

不承担责任

不承担责任

44.08 无论女王还是海关官员，均不对因执行或适用第 44.01～44.04 条、第 44.06 条而产生的损失或者损害承担责任，

（a）扣留作品或者其他客体的复制品，扣留违反第 44.04 条第（2）款的除外；

（b）未能扣留复制品；或者

（c）放行被扣留的复制品或者解除扣留，放行或者解除扣留违反第 44.04 条第（3）款的除外。

2014，c. 32，s. 5.

法院对被扣留复制品的权力

向法院提出申请

44.09（1）在第 44.04 条第（3）款所称诉讼过程中，法院可应部长或者诉讼当事人的申请，

（a）限定仓储或者扣留诉讼所涉复制品的条件；或者

（b）于复制品的所有者、进口者、出口者或者收货人按法院确定的金额提供担保的情形，为诉讼目的而指令不再扣留复制品，法院可就此限定有关条件。

部长的许可

（2）当事人按《海关法》第 2 条第（1）款规定的条件，申请在保税仓和暂寄仓以外的地点仓储被扣留复制品的，部长在达到该效果的条件依第（1）款予以限定之前，必须许可在该地点仓储复制品。

《海关法》

（3）尽管存在《海关法》第 31 条，法院仍可限定第（2）款规定的条件。

继续扣留

（4）为诉讼目的而依第（1）款（b）项作出的不再扣留复制品的指令，并不排除海关官员因其他事由而依《海关法》继续扣留复制品。

担保

（5）在第 44.04 条第（3）款所称诉讼过程中，法院应部长或者诉讼当事人的申请，可以要求版权人以法院确定的金额提供担保，

（a）以涵盖关税、仓储费、装卸费和其他因复制品而产生的费用；以及

（b）抵偿复制品的所有者、进口者、出口者或者收货人因扣

留复制品而遭受的损失。

2014，c.32，s.5.

向版权人索赔

44.1（1）版权人依据第44.04条第（3）款提起的诉讼被驳回或者被撤回的，法院可以判定版权人向作为诉讼当事人的复制品的所有者、进口者、出口者或者收货人赔偿因复制品被扣留所受损失、费用或者损害。

判给版权人的赔偿金

（2）判给第44.04条第（3）款所称诉讼中的版权人的赔偿金，包括版权人为仓储、装卸被扣留复制品而产生的费用，如果可能，还包括销毁被扣留复制品而产生的费用。

1993，c.44，s.66；1997，c.24，s.27；2005，c.38，ss.142，145；2014，c.32，s.5.

基于通知的禁止

禁止某类版权作品的进口

44.11 加拿大境外制作的享有版权的作品的复制品若系在加拿大境内制作将会侵害版权，且版权人就此向加拿大边境服务署提交了书面通知，表示复制品不应被进口到加拿大的，则该复制品不应当被进口且视为包含于《海关税则》的附表《税则目录》所列9897.00.00税则号列，该法第136条相应适用。

2014，c.32，s.5.

法院命令扣留

法院的权力

44.12（1）法院确信下列事实的，可签发第（3）款所规定的命令：

（a）作品的复制品即将被进口到加拿大或者已经被进口到加拿大但尚未被放行；

（b）复制品

（i）未经制作地所在国的版权人许可而制作，或者

（ii）在并非本法延伸适用国的某地制作；以及

（c）进口者知道或者应当知道，该复制品若由进口者在加拿大境内制作将侵害版权。

申请主体

（2）法院应加拿大境内作品版权人的申请，可签发第（3）款所规定的命令。

法院的命令

（3）在依据第（1）款作出命令中，法院可以

（a）指令部长

（i）基于部长合理要求而由申请人提供的信息，采取合理措施扣留作品复制品，且

（ii）扣留作品复制品后，将该扣留及其原因立即通知申请人和进口者；以及

（b）规定法院认为合理的其他事项。

如何提出申请

（4）请求依第（1）款签发命令的申请，可以在诉讼中或者其他程序中单方面提出，亦可以通知形式提出，但通常必须通知部长的除外。

担保

（5）依第（1）款签发命令之前，法院可要求申请人以法院确定的金额提供担保，

（a）以涵盖关税、仓储费、装卸费和其他因复制品而产生的费用；以及

（b）抵偿作品的所有者、进口者或者收货人因该命令而遭受的损失。

申请指令

（6）部长可申请法院指令执行依第（1）款签发的命令。

部长可允许查验

（7）部长可以向申请人或者进口者提供查验被扣留作品复制品的机会，以证明或者反驳申请人的主张。

申请人未能提起诉讼的情形

（8）申请人接到依第（3）款（a）项（ⅱ）目所作通知后10个工作日以内，未通知部长其已就第（1）款（b）项、（c）项所指事项提起由法院作出最终裁决的诉讼的，部长可根据《海关法》或者任何其他禁止、控制或者调整货物进出口的议会法律，无须进一步通知申请人而放行该作品的复制品；依第（1）款所签发的命令另有指令的除外。

法院判决支持原告的情形

（9）在依本条提起的诉讼中，法院确信存在第（1）款（b）项、（c）项所指情形的，可酌情签发命令，包括命令销毁该作品复制品，或者将其作为原告的财产完全移交给原告。

其他救济不受影响

（10）为进一步明确，本条规定不影响可依本法其他条款或者任何其他议会法律获得的任何救济。

2014，c. 32，s. 5.

图书的进口

44. 2（1）根据本条，法院确信下列事实的，可就图书签发第44. 12条第（3）款所规定的命令：

（a）图书的复制品即将被进口到加拿大或者已经被进口到加拿大但尚未被放行；

（b）图书的复制品的制作地所在国的图书版权人的许可，但其进口未经加拿大境内的图书版权人的许可；以及

（c）进口者知道或者应当知道，复制品若由进口者在加拿大境内制作将侵害版权。❶

申请主体

（2）法院应下列主体的申请，可就图书签发第 44.12 条第（3）款规定的命令：

（a）加拿大境内的图书版权人；

（b）加拿大境内的图书版权独占被许可人；或者

（c）图书的独占发行者。

限制

（3）第（1）款和第（2）款仅适用于存在图书的独占发行者，且各款所规定的行为发生在独占发行者所独占的加拿大区域或者特定市场领域内的情形。

某些条款的适用

（4）根据情况需要作出必要修改后，第 44.12 条第（3）～（10）款可适用于依第（1）款规定签发的命令。

1994，c. 47，s. 66；1997，c. 24，s. 28；2014，c. 32，s. 6.

限制

44.3 加拿大境内的图书版权独占被许可人以及图书的独占发行者无权获得第 44.2 条所规定的命令以对抗加拿大境内的另一版权独占被许可人或者另一独占发行者。

1997，c. 24，s. 28.

---

❶ 译者注：依上下文，此处似应是"复制品"，但法条原文是"the work"，而不是"the copies of the work"。

其他客体的进口

44.4 根据情况需要作出必要修改后，第 44.12 条可适用于录音、表演者的表演或者通信信号，只要其固定物或者其固定物的复制品

（a）即将被进口到加拿大或者已经被进口到加拿大但尚未被放行；

（b）

（i）制作未经固定物或者复制品制作地所在国的录音、表演者的表演或者通信信号的版权人的许可，或者

（ii）制作地并非第二章延伸适用国；以及

（c）进口者知道或者应当知道，该固定物或者复制品若由进口者在加拿大境内制作将侵害录音、表演者的表演或者通信信号版权人的权利。

1997，c. 24，s. 28.2014，c. 32，s. 6.

例外

45. （1）无论本法如何规定，下列行为均属合法：

（a）为个人使用，进口不超过两份经复制品制作地所在国的版权人许可而制作的作品或者其他客体的复制品；

（b）为加拿大或者各省政府部门使用，进口经复制品制作地所在国的版权人许可而制作的作品或者其他客体的复制品；

（c）于加拿大境内制作作品或者其他客体的复制品之前的任何时间，为满足图书馆、档案馆、博物馆或者教育机构使用需求，进口经复制品制作地所在国的版权人许可而制作的除图书复制品以外的其他任何复制品；

（d）为图书馆、档案馆、博物馆或者教育机构使用，进口不超过一份经图书制作地所在国的版权人许可而制作的图书的复制品；

（e）进口任何经复制品制作地所在国的版权人许可而制作的二手图书的复制品，教育机构教学使用的科学、技术或者学术性质的教科书除外。

充分证据

（2）海关官员可依其自由裁量，要求意图依本条进口作品或者其他客体的复制品的主体提供充分的事实证据，以证明其有权进口该复制品。

R. S.，1985，c. C-42，s. 45；R. S.，1985，c. 41（3rd Supp.），s. 117；1993，c. 44，s. 67；1994，c. 47，s. 67；1997，c. 24，s. 28.

第 5 章　行政管理

版权局

版权局

46. 版权局隶属于专利局。

R. S. , c. C-30，s. 29.

局长和登记官的职权

47. 专利局长在部长的领导下，依据本法行使职权和履行职责；专利局长缺席或者无法履职时，版权登记官或者部长临时任命的其他官员可作为代理局长，在部长的领导下，行使职权和履行职责。

R. S. , c. C-30，s. 30.

登记官

48. 应当设置版权登记官。

R. S. , c. C-30，s. 31.

版权登记簿、证书和经核准的复制件

49. 专利局长、版权登记官或者版权局的官员、职员或者雇员可签署证书和经核准的版权登记簿复制件。

R. S , 1985，c. C-42，s. 49；1992，c. 1，s. 47；1993，c. 15，s. 4.

登记官的其他职责

50. 版权登记官可受专利局长委托，履行有关本法实施的其他职责。

R. S.，c. C-30，s. 33.

51.［已废止，1992，c. 1，s. 48］。

事务和官员的管理

52. 专利局长应当在部长的领导下，监督和领导版权局的官员、职员和雇员，总体负责版权局事务，并履行总督会同枢密院委托的其他职责。

R. S.，c. C-30，s. 35.

作为证据的登记

53.（1）版权登记簿是其登记事项的证据，登记簿登记事项的复制件经专利局局长、版权登记官或者版权局的官员、职员或者雇员证明属实的，可作为登记事项的证据。

版权人

（2）版权登记证书是版权存在且登记人系版权人的证据。

受让人

（2.1）版权转让登记证书是证书记载权利已被转让且登记的受让人系该权利所有者的证据。

被许可人

（2.2）授予版权中的利益的许可登记证书是证书记载利益已被授予且登记的被许可人系该利益持有者的证据。

可采纳性

（3）依本条发放的证书或者经核准的复制件无须证明其签署人的签名及其官方性质即可为所有法院所采信。

R. S.，1985，c. C-42，s. 53；1992，c. 1，s. 49；1993，c. 15，s. 5；1997，c. 24，s. 30.

登　记

版权登记簿

54. （1）部长应当责成版权局保存版权登记簿，登记簿可登记下列事项：

（a）享有版权的作品或者其他客体的名称或者标题；

（b）作者、表演者、录音制作者、广播组织、版权人、版权受让人以及经许可被授予版权中的利益之人的名字以及住所；以及

（c）规章规定的其他事项。

（2）［已废止，1997，c.24，s.31］。

单个登记即可

（3）百科全书、报纸、评论、杂志或者其他期刊作品以及成套或者分册出版的作品，无须每本或者每册分别登记，整个作品作一单个登记即可。

索引

（4）规章规定了依本条设立登记簿索引的，版权局还应保存该索引。

检索和摘录

（5）依本条所设登记簿及其索引应当在合理期限内向检索者开放，且任何人有权复制、摘录该登记簿。

既有登记的效力

（6）依据1906年加拿大成文法修正案第70章《版权法》所作登记与依据本法所作登记具有相同的法律效力。

仍然存续的版权

（7）作品中的版权临近1924年1月1日之前在加拿大境内仍然存续的，该作品可依本法进行登记。

R. S. ，1985，c. C-42，s. 54；1992，c. 1，s. 50；1997，c. 24，s. 31.

作品版权

55.（1）作品版权的登记申请可由作品的作者、作品版权人、版权受让人、经许可被授予版权中的利益之人，或者其代理人提出。

登记申请

（2）第（1）款规定的申请必须向版权局提出，同时还须按照规章规定或者依据规章所作的决定，缴纳费用，并提供下列信息：

（a）作品版权人的名字以及住所；

（b）申请人系该作品的作者、作品版权人、版权受让人或者经许可被授予版权中的利益之人的声明；

（c）作品的类型；

（d）作品的标题；

（e）作者的名字，作者死亡的，其死亡日期，以知道为限；

（f）就已出版作品而言，首次出版的地点和日期；以及

（g）规章规定的其他信息。

R. S. ，1985，c. C-42，s. 55；1997，c. 24，s. 32.

作品以外的其他客体的版权

56.（1）作品以外的其他客体的版权登记申请可由其他客体的版权人、版权受让人、经许可被授予版权中的利益之人，或者其代理人提出。

登记申请

（2）第（1）款规定的申请必须向版权局提出，同时还须按照规章规定或者依据规章所作的决定，缴纳费用，并提供下列信息：

（a）该客体的版权人的名字以及住所；

（b）申请人系该客体的版权人、版权受让人、经许可被授予版权中的利益之人的声明；

（c）该客体是表演者的表演、录音抑或通信信号；

（d）该客体的标题，以有标题为限；

（e）下列日期：

（i）表演者的表演被首次固定于录音之日，未经录音固定的，首次表演之日，

（ii）录音首次固定之日，或者

（iii）通信信号播放之日；以及

（f）规章规定的其他信息。

R. S. ，1985，c. C-42，s. 56；1993，c. 15，s. 6；1997，c. 24，s. 32.

获得赔偿

56. 1 声称有权代理他人依据第 55 条或者第 56 条申请版权登记，而该有权声称系欺诈或者错误的，由此造成的损害可经由任何有管辖权的法院获得赔偿。

1997，c. 24，s. 32.

转让登记或者许可登记

57. （1）符合下列条件的，版权登记官应当就版权转让或者授予版权中的利益的许可进行登记：

（a）具有转让或者许可的协议原件或者经核准的复制件，或者其他为登记官所采信的证据；以及

（b）按照规章规定或者依据规章所作的决定缴纳了费用。

（2）［已废止，1992，c. 1，s. 51］

转让或者许可无效的情形

（3）版权转让或者授予版权中的利益的许可未经实际通知，不得对抗后续有偿受让人或者被许可人，除非在先转让或者许可在后续受让人或者被许可人据以主张的协议登记之前，已按照本

法规定的方式进行了登记。

由法院改正登记簿

（4）应版权登记官或者任何利害关系人的申请，联邦法院可命令以下列方式改正版权登记簿：

（a）在登记簿中登记因错误遗漏的事项，

（b）删除因错误登记或者保留在登记簿中的事项，或者

（c）改正登记簿中的其他任何错误或者缺漏；

依据本款对登记簿所作改正的效力追溯至法院签发命令之日。

R.S.，1985，c.C-42，s.57；1992，c.1，s.51；1993，c.15，s.7；1997，c.24，s.33.

协议的签订

58.（1）转让人、许可人或者抵押人可于条约成员国、《世界知识产权组织表演和录音制品条约》成员国或者《罗马公约》成员国的任何地点，在经法律授权于该地点主持宣誓或者办理公证的任何公证人、局长、其他官员或者任何法院的法官面前，签订、签署或者确认版权转让协议或者授予版权中的利益的许可协议，后者也相应在该协议上签名盖章、加盖公章或者该法官所在法院的印章。

（2）转让人、许可人或者抵押人可于外国，在该国主持宣誓或者办理公证的任何公证人、局长、其他官员或者该国任何法院的法官面前，签订、签署或者确认版权转让协议或者授予版权中的利益的许可协议，后者主持宣誓或者办理公证的职权须经外交文件或者在该国履职的加拿大领事官员证明。

印章作为证据

（3）公章、法院印章、外交文件或者领事官员是文件签订的证据，加盖了公章、法院印章或者附随了证明文件的协议无须进一步证明即可在依本条提起的诉讼或者其他程序中作为证据予以

采信。

其他证据

（4）第（1）款和第（2）款规定只是任意性规定，版权转让协议或者授予版权中的利益的许可协议的签订在任何情况下可依据证据适用规则予以证明。

R. S. ，1985，c. C-42，s. 58；1997，c. 24，s. 34；2012，c. 20，s. 50.

费　用

关于费用的规章

59. 总督会同枢密院可制定规章，规定

（a）因本法实施所要求或者授权事项而须缴纳的费用，或者确定费用的方式；以及

（b）缴纳该费用的期限和方式。

R. S. ，1985，c. C-42，s. 59；1993，c. 15，s. 8.

第 6 章　其他规定

替代性权利

替代性权利的存续

60. （1）临近 1924 年 1 月 1 日之前享有附表Ⅰ中Ⅰ栏所设任何作品的任何权利或者该权利中的任何利益的，有权享有附表中Ⅱ栏所设的替代性权利或者替代性权利中的同等利益，并不再享有其他权利或者利益；若该作品创作之日本法即已生效，且其系属本法规定得享版权的作品，则该作品版权的存续期限即为该替代性权利的存续期限。

作者已转让权利的情形

（2）至 1924 年 1 月 1 日仍然享有附表Ⅰ中Ⅰ栏所设权利的作品的作者，于该日期之前已将整个存续期内的权利或者其中的利益转让或者授予他人的，于因本法通过而使该权利失效之日，如无明示协议，本法所赋予的替代性权利归属该作品的作者，同时 1924 年 1 月 1 日前在该权利上创设且依然存续的任何利益归于消灭；但该权利或者利益的所有者临近该权利失效之日，有权选择

（a）出于该等考虑，一经发出以下通知，即受让剩余存续期内的权利或者得到类似利益的授权，若就此达不成协议，则由仲裁裁决，或者

（b）不经转让或者授权，以之前的方式继续复制或者表演作品，作者自权利失效之日起 3 年内请求支付许可费又未能达成协议的，根据仲裁裁决向作者支付许可费；若该作品包含于集合作品且该权利或者利益的所有者是集合作品的所有者，则无须支付任何费用，

（a）项所指通知须于该权利失效前不少于 6 个月且不超过 1 年的期限内以挂号邮寄的方式送达给作者，经合理努力无法找到作者的，公告于《加拿大公报》。

"作者"的定义

（3）就本条而言，"作者"包括死亡作者的合法代表。

本法生效前创作的作品

（4）根据本法，1924 年 1 月 1 日前创作的作品不享有版权，本条另有规定的除外。

R.S.，1985，c.C-42，s.60；R.S.，1985，c.10（4th Supp.），s.17（F）；1997，c.24，s.52（F）.

笔　误

笔误不影响法律效力

61. 版权局的记录文件中的笔误并不影响文件的法律效力，笔误经版权登记官允许可予更正。

R.S.，1985，c.C-42，s.61；1992，c.1，s.52；1993，c.15，s.10.

规　章

规章

62.（1）总督会同枢密院可制定规章，

（a）为实施第 30.01 条第（6）款（d）项，就规章设定的不同情形规定不同的措施；

（b）为实施第 30.02 条第（3）款（d）项，就规章设定的不同情形规定不同的措施；

（c）规定第 41.25 条第（2）款所指侵权警告通知的形式和内容；

（d）规定依本法规定应当由规章规定的任何事项；以及

（e）规定为实现本法目的和条款所需的一般事项。

权利保留

（2）总督会同枢密院可签发命令修订、废止或者更改依据本法制定的枢密院令，但是依据本条签发的命令并不损及命令生效前即已获得的权利或者利益，且应当对该权利和利益提供保护。

R. S.，1985，c. C-42，s. 62；1997，c. 24，s. 37；2012，c. 20，s. 51.

工业设计和拓扑图

63.〔已废止，1997，c. 24，s. 38〕。

释义

64.（1）在本条和第 64.1 条中，

"产品"是指以手工、工具或者机器制作的任何事物；

"设计"是指仅以视觉判断，具有视觉吸引力的成品的形状、结构、图案或者装饰的特点以及这些特点的结合。

"实用产品"是指具有实用功能的产品，包括其模型。

"实用功能"是指产品所具有的，单纯作为艺术或者文学事物的载体以外的功能。

不构成对某些设计的侵权

（2）应用于实用产品的设计或者设计源自其中的艺术作品享有版权，且由加拿大境内或者境外版权人，或者经其授权之人

（a）复制产品的数量超过 50 件的，或者

（b）使用系属印版、雕刻或者铸件的产品，生产了 50 件以上的实用产品的，

任何人并不因实施下列行为而构成对版权或者精神权利的侵害：

（c）以下列方式复制产品的设计或者与产品的设计无实质差别的设计：

（i）制作产品，或者

（ii）制作产品的图纸或者其他物质形式的复制品，或者

（d）针对如（c）项规定所制作的产品、图纸或者复制品，实施受版权人专有权控制的行为，该专有权以享有版权的设计或者艺术作品为客体。

例外

（3）艺术作品被用作或者用于下列事项的，其所享有的版权或者精神权利不适用第（2）款规定：

（a）应用于产品表面的图形或者摄影图像；

（b）产品的商标、标识或者标签；

（c）具有机织或者针织图案，或者适于布匹、表面覆盖物或者制作服装的材料；

（d）作为建筑物或者建筑物模型的建筑作品；

（e）应用于产品的真实或者虚构的人物、事件或者地点的标识，作为产品的形状、结构、图案或者装饰的特点；

（f）成套出售的产品，已制作 50 套以上的除外；或者

（g）规章规定的其他作品或者产品。

（4）第（2）款和第（3）款仅适用于本条生效之后创作的设计，临近本条生效之前的本法第 64 条和《工业设计法》以及依据二者制定的规则，仍然适用于本条生效之前创作的设计。

R. S., 1985, c. C-42, s 64; R. S., 1985, c. 10（4th Supp.），s. 11; 1993, c. 44, s. 68; 1997, c. 24, s. 39.

不构成对实用产品特点的侵害

64. 1（1）下列行为不构成对作品版权或者精神权利的侵害：

（a）应用完全由产品的实用功能所决定的特点；

（b）仅就实用产品而言，制作完全由产品的实用功能所决定的特点的图纸或者其他物质形式的复制品；

（c）针对仅具有（a）项所规定特点的产品或者如（b）项所规定所制作的图纸或者复制品，实施受作品版权人专有权控制的

行为；

（d）使用任何制造或者建筑的方法或者原理。

例外

（2）第（1）款规定并不影响作品据以实现机械复制或者表演的录音制品、电影胶片或者其他装置中的

（a）版权，或者

（b）可能具有的精神权利。

R. S.，1985，c. 10（4th Supp.），s. 11；1997，c. 24，s. 40.

本法对拓扑图的适用

64. 2（1）本法不适用于且视为从未适用于任何拓扑图，或者为生成拓扑图的全部或者部分而创作的设计，即使有明确的相反规定也不适用。

计算机程序

（2）为进一步明确，将某计算机程序并入集成电路产品或者将某作品编入该计算机程序可能构成对作品版权或者精神权利的侵害。

定义

（3）本条中，"拓扑图"和"集成电路产品"与《集成电路拓扑图法》中同义。

1990，c. 37，s. 33.

65. 〔已废止，1993，c. 44，s. 69〕。

第7章　版权委员会和版权集体管理

版权委员会

设立

66.（1）特此设立版权委员会，该委员会的成员不超过 5 人，包括 1 名主任和 1 名副主任在内，均由总督会同枢密院任命。

供职
（2）委员会的成员可被任命为专职或者兼职委员。

主任
（3）版权委员会的主任必须由法官担任，高级法院或者县、地区法院的在职或退休法官均可。

任职
（4）品行良好的委员会成员任职不得超过 5 年，但是总督会同枢密院因故可随时免去委员会成员的职位。

连任
（5）委员会的成员只能连任 1 次。

禁止
（6）委员会成员在任职期间不得从事《公共服务劳资关系法》所指的公共服务。

被视为公共服务雇员的成员
（7）除主任以外的委员会专职委员应当被视为从事

（a）《公共服务养老金法》所指的公共服务；以及

（b）根据《航空法》第 9 条制定的规章所指的联邦公共行政。

R. S. , 1985，c. C-42，s. 66；R. S. , 1985，c. 10（1st Supp. ），s. 1，c. 10（4th Supp. ），s. 12；2003，c. 22，s. 154（E），224（E），225（E）.

主任的职责

66. 1（1）主任应当领导并在委员会成员之间分配委员会的工作。

主任缺席或者无法履职

（2）主任缺席、无法履职或者主任职位空缺的，副主任在该缺席、无法履职或者空缺期间，行使主任职权和履行主任职能。

副主任的职责

（3）副主任是委员会的首席执行官，负责监督、领导委员会及其职员。

R. S. , 1985，c. 10（4th Supp. ），s. 12.

薪酬和费用

66. 2 委员会成员可领取由总督会同枢密院确定的薪酬，同时有权获得离开其惯常居住地、依据本法履职期间合理的差旅费和生活费。

R. S. , 1985，c. 10（4th Supp. ），s. 12.

利益冲突的禁止

66. 3（1）委员会成员所参与的活动、在业务中拥有的利益以及接受或者从事的职位或者事务，均不得直接或间接地与其成员职责相抵触。

利益冲突的终结

（2）委员会成员意识到自己处于第（1）款所禁止的利益冲突状态的，应当在 120 日之内，终结该冲突或者辞职。

R. S.，1985，c. 10（4th Supp.），s. 12.

职员

66.4（1）为委员会工作的正常开展所必需的官员和雇员应当根据《公共服务就业法》任命。

（2）第（1）款所指的官员和雇员应当被视为从事《公共服务养老金法》所指的公共服务。

技术支持

（3）委员会为履行职责，基于临时需要，可聘请具有技术或者专业知识的人员提供咨询或者协助，并根据财政委员会的指令，确定和支付该人员的薪酬和费用。

R. S.，1985，c. 10（4th Supp.），s. 12；2003，c. 22，s. 225（E）.

完成成员任期届满后的事项

66.5（1）任期届满之委员会成员可继续完成其已经开始处理的事项。

决定

（2）委员会处理的事项由委员会的多数决定，票数相等时，主持工作的成员享有二次投票权。

R. S.，1985，c. 10（4th Supp.），s. 12.

临时决定

66.51 委员会可应申请作出临时决定。

R. S.，1985，c. 10（4th Supp.），s. 12.

决定的更改

66.52 委员会可应申请，更改其根据第 68 条第（3）款、第 68.1 条、第 70.15 条、第 70.2 条第（2）款、第 70.6 条第（1）款、第 73 条（1）款或者第 83 条（8）款，就版权许可许可费或者其条件所作的决定，只要其认为该决定作出后，情形已发生实质性改变。

R. S.，1985，c. 10（4th Supp.），s. 12；1988，c. 65，s. 64；1997，c. 24，s. 42.

规章

66.6（1）经总督会同枢密院批准，委员会可制定规章，规定

（a）委员会听证会的操作和程序，包括组成委员会所需成员的法定人数；

（b）作出申请和通知所必须遵守的期限和方式；

（c）作出申请和通知的形式要件；以及

（d）委员会工作的开展，内部事务的管理以及官员和雇员的职责。

规章草案的公布

（2）委员会依据第（1）款制定的规章草案应当至少在其建议生效日之前 60 日，公布于《加拿大公报》，利害关系人应当获得合理机会以就该规章草案陈述意见。

例外

（3）已经按照第（2）款予以公布的规章草案无须再次公布，无论其是否已依相关陈述意见作出修改。

R. S.，1985，c. 10（4th Supp.），s. 12.

所有的职权等

66.7（1）就证人的出席、宣誓和询问，文书的制作和审核，其决定的执行以及为正当行使其管辖权所必要或者适当的其他事项，委员会享有高级备案法院可享有的所有职权、权利和特权。

决定的执行

（2）为执行委员会的决定，该决定可成为联邦法院或者任何

高级法院的命令，并以相同于其他命令的执行方式予以执行。

程序

（3）为使委员会的决定成为法院的命令，应当遵循法院关于同类事项的通常操作和程序，或者向法院书记官提交经核准的决定副本；该决定可成为法院的命令。

决定更改的效力

（4）已经成为法院命令的委员会的决定经委员会的后续决定更改的，法院的命令视为相应被更改，该后续决定可以相同方式成为法院命令。

R. S.，1985，c. 10（4th Supp. ），s. 12；2002，c. 8，s. 131（F）.

通告的发布、公布

66.71 独立于本法有关该委员会所供信息或者文书的发布或者公布的规定，委员会可酌情在任何时间，按照规定，要求以任何方式和条件发布或者公布其认为适于发布或者公布的任何通告。

1997，c. 24，s. 43.

调研

66.8 经部长请求，委员会应当就其职权的行使开展调研。

R. S.，1985，c. 10（4th Supp. ），s. 12.

报告

66.9（1）委员会应当于每年 8 月 31 日之前，经部长向总督会同枢密院提交关于其前一年工作的年度报告，简要陈述其收到的申请、作出的决定以及其认为相关的其他事项。

列入议程

（2）部长应当于每次收到年度报告后议会会期的首个 15 日内的任一日期，将该年度报告提交议会两院。

R. S. ，1985，c. 10 （4th Supp. ），s. 12.

规章

66.91 总督会同枢密院可制定规章，发布委员会的政策导向，设立委员会应当适用或者实施下列行为时必须遵守的一般标准：

（a）就须依本法支付版权许可费确定公平合理的数额；以及

（b）就其管辖权内的任何事项作出决定。

1997，c. 24，s. 44.

表演权和传播权的集体管理

向公众提供全部作品

67. 任何开展下列业务的集体组织，对公众就其管理的全部处于使用状态的作品、表演者的表演或者录音的信息提出的所有合理请求，必须在合理期限内予以答复：

（a）就音乐作品、音乐剧作品、表演者对作品的表演或者包含作品的录音的公开表演，授予许可或者收取版权许可费，或者

（b）就音乐作品、音乐剧作品、表演者对作品的表演或者包含作品的录音通过远程通信向公众的传播，授予许可或者收取版权许可费；以第 31 条第（2）款所规定方式传播音乐作品或者音乐剧作品的除外。

R. S. ，1985，c. C-42，s 67；R. S. ，1985，c. 10 （1st Supp. ），s. 1，c. 10 （4th Supp. ），s. 12；1993，c. 23，s. 3；1997，c. 24，s. 45.

收费标准建议稿的提交

67.1（1）任何第 67 条所指集体组织，应当于临近其依据第 68 条第（3）款批准的最后的收费标准到期前的 3 月 31 日或者此前，以英语、法语两种官方语言，就由其收取的所有版权许可费向版权委员会提交收费标准建议稿。

没有以上收费标准的情形

（2）第（1）款所指集体组织没有依据第 68 条第（3）款批准的收费标准的，应当于临近其所建议收费标准的建议生效日之前的 3 月 31 日或者此前，以英语、法语两种官方语言，就由其收取的所有版权许可许可费向版权委员会提交收费标准建议稿。

收费标准的有效期限

（3）收费标准建议稿必须规定版权许可费一个或者多个日历年的有效期限。

执行的禁止

（4）就所涉作品、表演者的表演或者录音并未提交收费标准建议稿的，未经部长书面同意，不得就下列事项提起诉讼：

（a）侵害第 3 条所指作品公开表演权或者通过远程通信向公众传播权；

（b）侵害第 15 条第（1.1）款（d）项或者第 18 条第（1.1）款（a）项所指权利；或者

（c）追收第 19 条所指版权许可费。

收费标准建议稿的公布

（5）收到依据第（1）款提交的收费标准建议稿后，版权委员会应当尽早将其公布于《加拿大公报》，并通告自收费标准建议稿公布后 60 日以内，潜在使用者或者其代表可就该收费标准向版权委员会提交书面异议。

R. S.，1985，c. 10（4th Supp.），s. 12；1997，c. 24，s. 45；2001，c. 34，s. 35（E）；2012，c. 20，s. 52.

67. 2 和 67. 3［已废止，1997，c. 24，s. 45］。

版权委员会审议收费标准建议稿和异议

68.（1）版权委员会应当尽早审议收费标准建议稿以及第 67. 1 条第（5）款所指异议或者版权委员会提出的异议，并

（a）向相关集体组织送达异议副本，允许其答复；且

（b）向异议提交者送达以上答复。

准则和因素

（2）审议适用于公开表演或者通过远程通信向公众传播音乐作品的表演者的表演或者包含了该表演者的表演的录音的收费标准建议稿时，版权委员会

（a）应当确保

（i）有关表演者的表演和录音的收费标准仅适用于第 20 条所指情形，该条第（3）款、第（4）款除外，

（ii）该收费标准不会因《广播法》第 3 条所设加拿大广播政策对语言和内容的要求而使受该条调整的某些使用者相较于其他人承受更大的经济负担。

（iii）使用者按照第 19 条应支付的版权许可费将单独支付；并且

（b）衡量所有应当考虑的因素。

核准

（3）版权委员会经考虑下列因素，对版权许可费及其相关条件作出必要修改后，应当以批准的方式核准该收费标准：

（a）就该收费标准按照第 67.1 条第（5）款提出的所有异议；以及

（b）第（2）款所指事项。

批准的收费标准的公布

（4）版权委员会应当

（a）尽早在《加拿大公报》上公布批准的收费标准；且

（b）将所有批准的收费标准副本连同版权委员会的决定理由，送达所有提交收费标准建议稿的集体组织以及异议提交者。

R.S.，1985，c.C-42，s.68；R.S.，1985，c.10（4th Supp.），s.13；1993，c.23，s.5；1997，c.24，s.45；2012，c.20，s.53.

特定的和过渡性的版权许可费率

68.1（1）尽管存在经版权委员会根据第 68 条第（3）款批准适用于公开表演或者通过远程通信向公众传播音乐作品的表演者的表演或者包含了该表演者的表演的录音的收费标准，

（a）除社区系统和公共传播系统以外，无线传播系统应当按下列标准支付版权许可费：

（i）年广告收入在 125 万加元以下，支付 100 加元，

（ii）年广告收入超过 125 万加元的所有部分，

（A）于本条生效的第 1 年，按批准收费标准所定该年版权许可费的 33.3% 支付，

（B）于本条生效的第 2 年，按批准收费标准所定该年版权许可费的 66.3% 支付，

（C）于本条生效的第 3 年，按批准收费标准所定该年版权许可费的 100% 支付；

（b）社区系统每年应当支付 100 加元的版权许可费；

（c）公共传播系统应当按下列标准支付本条生效后前 3 年的版权许可费：

（i）于本条生效的第 1 年，按批准收费标准所定该年版权许可费的 33.3% 支付，

（ii）于本条生效的第 2 年，按批准收费标准所定该年版权许可费的 66.3% 支付，

（iii）于本条生效的第 3 年，按批准收费标准所定该年版权许可费的 100% 支付。

支付版权许可费的效力

（2）所涉系统对第（1）款所设版权许可费的支付即是对该批准的收费标准所设所有义务的履行。

"广告收入"的定义

（3）版权委员会可以规章定义第（1）款所指"广告收入"。

优惠许可费率

（4）版权委员会以依据第 68 条第（3）款批准的方式核准版权许可费时，应当确保小型有线传播系统得享优惠许可费率。

规章

（5）总督会同枢密院可制定规章，定义本条所指"小型有线传播系统""社区系统""公共传播系统"和"无线系统"。

1997，c. 24，s. 45.

设定版权许可费的效力

68. 2（1）无损于其他任何可以获得的救济，集体组织可于其经批准的收费标准规定的期间内，收取该收费标准规定的版权许可费；于拖欠许可费情形，可经由有管辖权的法院追收该许可费。

禁止对已支付或者将支付版权许可费的人提起程序

（2）已支付或者许诺支付经批准的收费标准所规定的版权许可费的，不得就下列事项对其提起任何程序：

（a）侵害第 3 条所指公开表演权或者通过远程通信向公众传播权；

（b）侵害第 15 条第（1.1）款（d）项或者第 18 条第（1.1）款（a）项所指权利；或者

（c）追收第 19 条所指版权许可费。

权利的延续

（3）集体管理组织依据第 67.1 条第（1）款提交了收费标准建议稿的，截至该收费标准建议稿被批准，

（a）即使此前收费标准所设版权许可费已失效，任何人仍有权按照此前收费标准的规定，公开表演或者通过远程通信向公众传播各作品、表演者的表演或者录音，且

（b）集体组织可根据此前收费标准收取版权许可费。

1997，c. 24，s. 45；2012，c. 20，s. 54.

非剧院场所的公开表演

69.（1）［已废止，R. S.，1985，c. 10（4th Supp.），s. 14］。

非剧院场所的无线表演

（2）在通常规律性用于娱乐活动以收取入场费的剧院以外的场所进行公开表演，使用了无线电接收装置的，不得向该无线电接收装置的所有者或者使用者收取版权许可费；但是，版权委员会应当尽可能在适于本款所规定条件的情形中，规定预先向无线广播电台收取版权许可费，确定的数额也应相同。

应当考虑的费用

（3）依据第（2）款确定版权许可费时，版权委员会应当考虑因收取许可费所需支出的费用、其他可能因第（2）款规定而已经或者可以为版权人、表演权人或者其代理人所节省的费用，以及已经或者可以由版权人、表演权人或者其代理人节省的费用。

（4）［已废止，R. S.，1985，c. 10（4th Supp.），s. 14］。

R. S.，1985，c. C-42，s. 69；R. S.，1985，c. 10（4th Supp.），s. 14；1993，c. 44，s. 73；1997，c. 24，s. 52（F）.

70.［已废止，R. S.，1985，c. 10（4th Supp.），s. 15］。

第 3 条、第 15 条、第 18 条和
第 21 条所规定权利的集体管理

集体组织

集体组织

70. 1 第 70.11～70.6 条适用于执行下列许可方案的集体组织：

（a）该执行方案适用于所有涉及两个以上作者的作品，根据

该方案，集体组织设定使用的种类、版权许可费以及同意对以上作品实施第 3 条所规定行为的授权条件；

（a.1）该执行方案适用于所有涉及两个以上表演者的表演，根据该方案，集体组织设定使用的种类、版权许可费以及同意对以上表演实施第 15 条所规定行为的授权条件；

（b）该执行方案适用于所有涉及两个以上制作者的录音，根据该方案，集体组织设定使用的种类、版权许可费以及同意对以上录音实施第 18 条所规定行为的授权条件；或者

（c）该执行方案适用于所有涉及两个以上广播组织的通信信号，根据该方案，集体组织设定使用的种类、版权许可费以及同意对以上通信信号实施第 21 条所规定行为的授权条件。

R. S.，1985，c. 10（4th Supp.），s. 16；1997，c. 24，s. 46.

公共信息

70.11 第 70.1 条所指集体组织对公众就其管理的全部作品、表演者的表演、录音或者通信信号的信息提出的所有合理请求，必须在合理期限内予以答复。

1997，c. 24，s. 46.

收费标准或者协议

70.12 集体组织为以许可设定有关使用种类的版权许可费和条件，可

（a）向版权委员会提交收费标准建议稿；或者

（b）与使用者签订协议。

1997，c. 24，s. 46.

收费标准

收费标准建议稿的提交

70.13（1）任何第 70.1 条所指集体组织，可于临近其依据

第 70.15 条第（1）款批准的最后的收费标准到期之前的 3 月 31 日或者此前，以英语、法语两种官方语言，就由其因发放许可收取的版权许可费向版权委员会提交收费标准建议稿。

没有以上收费标准的情形

（2）第（1）款所指集体组织没有依据第 70.15 条第（1）款批准的收费标准的，应当于临近其所建议收费标准的建议生效日之前的 3 月 31 日或者此前，以英语、法语两种官方语言，就由其因发放许可可收取的所有版权许可费向版权委员会提交收费标准建议稿。

1997，c.24，s.46.

某些条款的适用

70.14 依据第 70.13 条提交了收费标准建议稿的，第 67.1 条第（3）款、第（5）款和第 68 条第（1）款根据情况需要作出必要修改后，予以适用。

1997，c.24，s.46.

核准

70.15（1）版权委员会经考虑对收费标准的异议，对版权许可费及其相关条件作出必要修改后，应当以批准的方式核准该收费标准：

某些条款的适用

（2）依据第（1）款批准了收费标准的，第 68 条第（4）款和第 68.2 条第（1）款根据情况需要作出必要修改后，予以适用。

1997，c.24，s.46.

通告的发布、公布

70.16 独立于本法有关该委员会所供信息或者文书的发布或者公布的规定，委员会应当以其酌定的方式和条件，以下列方式告知所有受收费标准建议稿影响的人：

    （a）发布或者公布通告，或者

    （b）指令另一个人或者机构发布或者公布通告。

    1997，c.24，s.46.

执行的禁止

70.17 根据第 70.19 条，已支付或者许诺支付经批准的收费标准所规定的版权许可费的，不得就侵害第 3 条、第 15 条、第 18 条或者第 21 条所指权利对其提起任何程序。

    1997，c.24，s.46.

权利的延续

70.18 根据第 70.19 条，集体管理组织依据第 70.13 条提交了收费标准建议稿的，截至该收费标准建议稿被批准，

    （a）即使此前收费标准所设版权许可费已失效，经集体组织授权有权实施第 3 条、第 15 条、第 18 条或者第 21 条所指行为的任何人，仍有权按照此前收费标准的规定实施以上行为，且

    （b）集体组织可根据此前收费标准收取版权许可费。

    1997，c.24，s.46.

存在协议的情形

70.19 存在第 70.12 条（b）项所指协议的，第 70.17 条、第 70.18 条不适用于该协议涵盖的事项。

    1997，c.24，s.46.

协议

70.191 集体组织就授权实施第 3 条、第 15 条、第 18 条或者第 21 条所指行为与他人签订了协议，且该协议在经批准的收费标准的有效期内有效的，经批准的收费标准不予适用。

    1997，c.24，s.46.

个别情形中版权许可费的确定

申请确定版权许可费的数额等

70.2（1）集体组织和未获实施第 3 条、第 15 条、第 18 条或者第 21 条所指行为授权的任何人，就授权对集体组织管理的作品、录音或者远程通信实施各行为所应支付的版权许可费或者相关条件不能达成协议的，任何一方或者其代理人可在通知对方后，申请版权委员会确定该版权许可费及其相关条件。

确定版权许可费等

（2）版权委员会可指定不少于 1 年的许可期限并确定许可费及其相关条件，且应于作出决定后，尽早将决定副本连同其决定理由送达该集体组织以及相关人或者其代理人。

R. S.，1985，c. 10（4th Supp.），s. 16；1997，c. 24，s. 46.

协议

70.3（1）就系争问题已达成协议的通知已提交版权委员会的，版权委员会应当终止审理依第 70.2 条提出的申请。

（2）第（1）款所指协议于可能存在的之前协议或者依第 70.2 条第（2）款所指定最后期限到期后 1 年内有效。

R. S.，1985，c. 10（4th Supp.），s. 16.

版权委员会决定的效力

70.4 依第 70.2 条第（2）款指定期限内的版权许可费已被确定的，相关人可于该期限内，按照版权委员会确定的相关条件以及许可方案确定的条件，经支付或者许诺支付版权许可费，实施版权许可费及其相关条件据以确定的行为；无损于其他任何可以获得的救济，集体组织可收取该版权许可费；于拖欠许可费情形，可经由有管辖权的法院追收该许可费。

R. S. ，1985，c. 10（4th Supp. ），s. 16；1997，c. 24，s. 47.

协议的审查

"局长"的定义

70. 5（1）就本条和第 70. 6 条而言，"局长"是指根据《竞争法》任命的竞争局局长。

向版权委员会提交协议

（2）集体组织就许可他人实施第 3 条、第 15 条、第 18 条或者第 21 条所指行为签订了协议的，该集体组织或者被许可人可于协议签订后 15 日内，向版权委员会提交该协议副本。

（3）《竞争法》第 45 条不适用于依据第（2）款所提交协议确定的版权许可费或者相关条件。

局长可查阅

（4）局长可查阅依据第（2）款提交的协议副本。

请求审查

（5）局长认为依据第（2）款提交的协议违反公共利益的，可于通知相关当事人后，请求版权委员会审查该协议。

R. S. ，1985，c. 10（4th Supp. ），s. 16；1997，c. 24，s. 48；1999，c. 2，ss. 45，46.

版权许可费的审查和确定

70. 6（1）版权委员会应当尽早审理局长提出的审查协议的请求，在向局长和相关当事人提供陈述各自主张的机会后，可修订该协议确定的版权许可费和任何相关条件，于此情形，第 70. 4 条根据情况需要作出必要修改后予以适用。

（2）版权委员会应在作出决定后，尽早将决定副本连同其决定理由送达相关当事人以及局长。

R. S. ，1985，c. 10（4th Supp. ），s. 16；1997，c. 24，s. 49（F）；

1999，c.2，s.46.

70.61 至 70.8 ［已废止，1997，c.24，s.50］。

特定情形的版权许可费

收费标准建议稿的提交

71.（1）任何从事收取第 29.7 条第（2）款或者第（3）款所指版权许可费业务的集体组织应当向版权委员会提交收费标准建议稿，但是其他人不得提交收费标准建议稿。

提交时间
（2）收费标准建议稿必须

（a）以英语、法语两种官方语言；且

（b）于临近经批准的收费标准到期之前的 3 月 31 日或者此前提交。

没有以上收费标准的情形
（3）没有收费标准建议稿依据第 73 条第（1）款（d）项被核准的集体组织，应当于临近其所建议生效日之前的 3 月 31 日或者此前，提交收费标准建议稿。

收费标准的有效期限
（4）收费标准建议稿必须规定版权许可费一个或者多个日历年的有效期限。

R.S.，1985，c.C-42，s.71；1997，c.24，s.50；2012，c.20，s.55.

收费标准建议稿的公布

72.（1）收到依据第 71 条提交的收费标准建议稿后，版权委员会应当尽早将其公布于《加拿大公报》，并通告自该收费标准建议稿公布后 60 日以内，教育机构、潜在的第 31 条第（1）款所指转播者或者其代表可就该收费标准向版权委员会提交书面异议。

版权委员会审议收费标准建议稿和异议

（2）版权委员会应当尽早审议收费标准建议稿以及第（1）款所指异议或者版权委员会提出的异议，并

（a）向相关集体组织送达异议副本，允许其答复；且

（b）向异议提交者送达以上答复。

1997，c. 24，s. 50；1999，c. 31，s. 61；2002，c. 26，s. 3.

核准

73.（1）关于其审议收费标准建议稿的决定，版权委员会应当

（a）设立

（i）确定由教育机构以及第 31 条第（1）款所指转播者支付的版权许可费的方式，以及

（ii）版权委员会酌定的有关以上版权许可费的条件；

（b）确定（a）项所指版权许可费在集体组织之间的分配；

（c）相应更改收费标准；以及

（d）如同经批准的收费标准一样，核准该收费标准，该收费标准因此成为本法所指经批准的收费标准。

不得区别对待

（2）为进一步明确，版权委员会依据第（1）款（a）项设立确定版权许可费的方式或者依据第（1）款（b）项分配版权许可费的情形，不得以国籍或者住所为由区别对待版权人。

收费标准建议稿的公布

（3）版权委员会应当尽早将批准的收费标准公布于《加拿大公报》，并将批准的收费标准副本连同版权委员会的决定理由，送达所有提交该收费标准建议稿的集体组织以及异议提交者。

1997，c. 24，s. 50；1999，c. 31，s. 62；2002，c. 26，s. 4.

特定情形

74. （1）版权委员会依据第 73 条第（1）款（a）项设立确定版权许可费的方式时，应当确保小型转播系统得享优惠许可费率。

规章

（2）总督可制定规章定义第（1）款所指"小型转播系统"。

1997，c.24，s.50.

设定版权许可费的效力

75. 无损于其他任何可以获得的救济，集体组织可于其经批准的收费标准规定的期限内，收取该收费标准规定的版权许可费；于拖欠许可费情形，可经由有管辖权的法院追收该许可费。

1997，c.24，s.50.

非成员所提请求

76. （1）作品在适用于该类作品的经批准的收费标准有效期内通过远程通信向公众传播，而该作品的版权人为自身利益并未授权集体组织收取第 31 条第（2）款（d）项所指版权许可费的，版权人有权依据已向集体组织如此授权之人所依据的条件，获得由版权委员会依其提议或者应申请指定的集体组织支付的以上版权许可费。

可追收的版权许可费

（2）版权人为自身利益并未授权集体组织收取第 29.7 条第（2）款或者第（3）款所指版权许可费，而该许可费在适用于该类作品或者其他客体的经批准的收费标准有效期内应予支付的，版权人有权依据已向该集体组织如此授权之人所依据的条件，获得由版权委员会依其提议或者应申请指定的集体组织支付的以上版权许可费。

救济的排除

（3）就因传播、制作复制品或者录音制品或者公开表演所应获得的版权许可费，版权人仅能获得第（1）款、第（2）款所赋权利的救济。

规章

（4）为实施本条，版权委员会可

（a）要求集体组织向版权委员会提交以下信息：该组织向许可其收取版权许可费的授权人支付其已收许可费的情况；

（b）制定规章，设立第（1）款、第（2）款所授权利必须行使的期限，该期限不得少于 12 个月，且于下列条款产生的版权许可费，其起算点为：

（i）和（ii）［已废止，2012，c. 20，s. 56］。

（iii）第 29.7 条第（2）款，自复制品制作时起，

（iv）第 29.7 条第（3）款，自公开表演时起，

（v）第 31 条第（2）款（d）项，自通过远程通信向公众传播时起。

1997，c. 24，s. 50；2012，c. 20，s. 56.

下落不明的版权人

可由版权委员会发放许可的情形

77.（1）想要获得使用享有版权的

（a）已发表的作品，

（b）表演者的表演的固定物

（c）已发行的录音制品，或者

（d）通信信号的固定物

的许可的人向版权委员会提出申请，且向版权委员会证明其经合理努力寻找版权人而版权人仍然下落不明的，版权委员会可依具体情形向该申请人发放实施第 3 条、第 15 条、第 18 条或者

第 21 条所指行为的许可。

许可的条件

（2）依据第（1）款发放的许可并非独占许可，且须遵守版权委员会可能设定的条件。

向版权人支付

（3）该版权人可于依据第（1）款所发放的许可到期后 5 年内，收取该许可设定的版权许可费，且于拖欠许可费情形，向有管辖权的法院提起诉讼追收该许可费。

规章

（4）版权委员会应制定规章，规范第（1）款规定的许可的发放。

1997，c. 24，s. 50；2012，c. 20，s. 56.

确认版权或者精神权利前所实施行为的补偿

委员会可确定补偿数额

78.（1）为实施第 32.4 条第（2）款、第 32.5 条第（2）款、第 33 条第（2）款、第 33.1 条第（2）款以及第 33.2 条第（2）款，版权委员会可根据第（2）款，应各款所指任一当事人的申请，考虑包括法院对当事人关于行使第 32.4 条第（3）款或者第 32.5 条第（3）款所指权利的诉讼的裁判在内的所有情况后，合理确定各款所指的补偿数额。

限制

（2）版权委员会不得

（a）就系争问题已达成协议的通知已提交版权委员会的情形，继续审理依第 70.2 条提出的申请；或者

（b）就当事人关于行使第 32.4 条第（3）款或者第 32.5 条第（3）款所指权利之诉讼已经向法院提起的情形，继续审理依

第（1）款提出的申请，直至法院对该诉讼作出最终裁决。

临时命令

（3）版权委员会审理依第（1）款提出的申请时，为避免对任一当事人造成严重损害，可签发临时命令，禁止当事人在第（1）款所指补偿确定之前，实施命令规定的行为。

1997，c. 24，s. 50；2012，c. 20，s. 57.

第 8 章　私人复制

释　义

定义

79. 本章中，

"录音载体"是指可产生录音且通常由个人消费者为此而使用的任何物质形式的记录载体，规定的记录载体种类除外；

"空白录音载体"是指

（a）无声音固定于其上的录音载体，以及

（b）任何其他规定的录音载体；

"征收机构"是指集体组织或者经第 83 条第（8）款指定为征收机构的其他社团、协会或者公司；

"适格作者"是指在加拿大境内享有版权且包含于录音的音乐作品的作者，无论该音乐作品、录音创作或者制作于本章生效之前或者之后；

"适格制作者"是指包含音乐作品的录音的制作者，无论录音的首次录制发生于本章生效之前或者之后，只要

（a）符合下列两项条件：

（i）制作者在首次录制时，若系法人则其总部位于加拿大境内，若系自然人则属加拿大公民或者《移民和难民保护法》第 2 条第（1）款所指永久居民，

（ii）录音在加拿大境内享有版权，或者

（b）制作者在首次录制时，若系法人则其总部位于依据第 85 条刊登的声明所指国家境内，若系自然人则属该国家的公民、属民或者永久居民；

"适格表演者"是指音乐作品的表演者，无论表演发生于本章生效之前或者之后，只要表演者的表演包含于录音且

（a）符合下列两项条件：

（i）表演者在首次录制录音时，系属加拿大公民或者《移民和难民保护法》第2条第（1）款所指永久居民，

（ii）该表演者的表演在加拿大境内享有版权，或者

（b）表演者在首次录制录音时，系属依据第85条刊登的声明所指国家的公民、属民或者永久居民；

"规定的"是指依据本章制定的规章所作的规定。

1997，c.24，s.50；2001，c.27，s.240.

为个人使用的复制

不侵害版权的情形

80.（1）根据第（2）款，为复制者个人使用而将

（a）包含于录音的音乐作品，

（b）包含于录音的表演者对音乐作品的表演，或者

（c）包含了音乐作品或者表演者对音乐作品的表演的录音

全部或者实质部分复制到录音载体，不构成对该音乐作品、表演者的表演或者录音的版权的侵害。

限制

（2）第（1）款不适用于该款所指行为被用于实施与第（1）款（a）项～（c）项所指客体有关的下列行为：

（a）出售或者出租，或者以交易的方式为出售或者出租而展示或者要约；

（b）发行，无论是否以交易为目的；

（c）通过远程通信向公众传播；或者

（d）公开表演或者导致公开表演。

1997，c.24，s.50.

获得报酬权

获得报酬权

81.（1）根据本章规定，适格作者、适格表演者以及适格制作者有权就制造、进口有关用于因个人使用而复制下列客体的空白录音载体而获得报酬：

（a）包含于录音的音乐作品，

（b）包含于录音的表演者对音乐作品的表演，或者

（c）包含了音乐作品或者表演者对音乐作品的表演的录音。

权利的转让

（2）根据情况需要作出必要修改后，第 13 条第（4）～（7）款适用于第（1）款所赋予适格作者、表演者和制作者的权利。

1997，c. 24，s. 50.

空白录音载体税

交税的义务

82.（1）为交易目的而在加拿大境内制造空白录音载体或者进口空白录音载体至加拿大的任何人，

（a）就在加拿大境内出售或者以其他方式处分该录音载体，负有按照第（2）款规定向征收机构交税的义务；且

（b）应当依照第 83 条第（8）款规定，保留第（a）款所指活动以及该录音载体出口的账单，并提供给征收机构。

出口无须交税

（2）该空白录音载体的出售或者其他处分为将其从加拿大出口所必须，且其已从加拿大出口的，无须交税。

1997，c. 24，s. 50.

收费标准建议稿的提交

83.（1）根据第（14）款，任一集体组织应为以上适格作者、适格表演者和适格制作者的利益向版权委员会提交收费标准建议稿，且以以上适格作者、适格表演者和适格制作者以转让、许可、委任集体组织为其代理人或者其他方式，授权集体组织代表其为该目的而实施行为为限；集体组织以外的任何人不得提交以上收费标准建议稿。

征收机构

（2）在不影响收费标准建议稿所含内容一般适用性的情况下，该收费标准建议稿可就版权委员会根据第（8）款（d）项对征收机构的指定提出建议。

提交期限

（3）收费标准建议稿必须以英语、法语两种官方语言，于临近经批准的收费标准失效日之前的 3 月 31 日或者此前提交。

没有以上收费标准的情形

（4）没有依据第（8）款（c）项批准的收费标准的集体组织，应当于临近其所建议收费标准的建议生效日之前的 3 月 31 日或者此前，提交收费标准建议稿。

收费标准的有效期限

（5）收费标准建议稿必须规定该税一个或者多个日历年的有效期限。

收费标准建议稿的公布

（6）收到依据第（1）款提交的收费标准建议稿后，版权委员会应当尽早将其公布于《加拿大公报》，并通告自收费标准建议稿公布后 60 日以内，任何人可就该收费标准向版权委员会提交书面异议。

版权委员会审议收费标准建议稿和异议

（7）版权委员会应当尽早审议收费标准建议稿以及第（6）款所指异议或者版权委员会提出的异议，并

（a）向相关集体组织送达异议副本，允许其答复；且

（b）向异议提交者送达以上答复。

版权委员会的职责

（8）关于其审议收费标准建议稿的决定，版权委员会应当

（a）依照第（9）款规定，设立

（i）确定该税的方式，以及

（ii）版权委员会酌定的有关该税的条件，在不影响前述规定一般适用性的情况下，包括第 82 条所指账单的形式、内容和频率，对该账单所涉保密信息的保护措施以及缴纳该税的时限，

（b）相应更改该收费标准，

（c）如同经批准的收费标准一样，核准该收费标准，该收费标准因此成为本章所指经批准的收费标准，以及

（d）指定其认为能充分实现第 82 条、第 84 条和第 86 条目标的集体组织或者其他社团、协会或者公司为征收机构，

但是，版权委员会此前已行使（d）项所规定职权的，没有再次行使的义务，其可应申请于任何时间作出另一指定；在作出另一指定之前，根据该项规定已作出的指定一直有效。

委员会应当考虑的因素

（9）版权委员会根据第（8）款（a）项行使职权时，应当在考虑所有规定的标准后，确信该税公平合理。

批准的收费标准的公布

（10）版权委员会应当尽早在《加拿大公报》上公布批准的收费标准；并将所有批准的收费标准副本连同版权委员会的决定理由，送达该征收机构、所有提交了收费标准建议稿的集体组织以及异议提交者。

未由集体组织代表的作者等

（11）适格作者、适格表演者或者适格制作者并未授权集体组织依据第（1）款提交收费标准建议稿，而第 81 条所指报酬在适用于该类作品、表演者的表演或者录音的经批准的收费标准有效期内应予支付的，该适格作者、适格表演者或者适格制作者依其具体情形就

（a）包含于录音的音乐作品，

（b）包含于录音的表演者对音乐作品的表演，或者

（c）包含了音乐作品或者表演者对音乐作品的表演的录音，

有权依据已向该集体组织如此授权之人所依据的条件，获得由版权委员会依其提议或者应申请指定的集体组织支付的该报酬。

其他救济的排除

（12）第（11）款所指适格作者、适格表演者或者适格制作者就为个人使用而复制该录音，只能获得该款所赋权利的救济。

版权委员会的职权

（13）为实施第（11）款、第（12）款，版权委员会可

（a）要求集体组织向版权委员会提交以下信息：该组织向授权其依据第（1）款提交收费标准建议稿之人支付其已依第 84 条收的税款的情况，以及

（b）制定规章，设立第（11）款所授权利必须行使的期限，该期限不得少于 12 个月，且于经批准的收费标准失效之时开始计算。

单个收费标准建议稿

（14）所有意图提交收费标准建议稿的集体组织授权特定个人或者机构代表其提交单个收费标准建议稿的，该个人或者机构可实施所授权行为，于此情形，本条根据情况需要作出必要修改后，适用于该收费标准建议稿。

1997，c. 24，s. 50.

税款的分配

通过征收机构分配

84. 征收机构收到所征税款后，应当按照版权委员会设定的比例，将该税款尽早分配给代表适格作者、适格表演者或者适格制作者的集体组织。

1997，c.24，s.50.

互惠

85. （1）若部长认为另一国家以条约、公约、协定或者法律授予或者承诺授予作为加拿大的公民、《移民和难民保护法》第2条第（1）款所指永久居民或者总部位于加拿大境内的法人的表演者和录音制作者以实质等同于本章所赋予的利益，则部长可通过《加拿大公报》刊登声明，

（a）将本章所赋予的利益授予该国的公民、属民、永久居民或者总部位于该国境内的法人的表演者或者录音制作者；并且

（b）宣告该国就该利益视同本章适用的国家。

（2）若部长认为另一国家并未以条约、公约、协定或者法律授予或者承诺授予作为加拿大的公民、《移民和难民保护法》第2条第（1）款所指永久居民或者总部位于加拿大境内的法人的表演者或者录音制作者以实质等同于本章所赋予的利益，则部长可通过《加拿大公报》刊登声明，

（a）在该国实际授予作为加拿大的公民、《移民和难民保护法》第2条第（1）款所指永久居民或者总部位于加拿大境内的法人的表演者或者录音制作者以该利益的限度内，将本章所赋予的利益授予作为该国的公民、属民、永久居民或者总部位于该国境内的法人的表演者或者录音制作者，并且

（b）宣告该国就该利益视同本章适用的国家。

本法的适用

（3）部长在第（1）款或者第（2）款所指声明中援引的本法条款适用于

（a）该声明所涵盖的表演者或者录音制作者，视同加拿大的公民或者总部位于加拿大境内的法人；

（b）该声明所涵盖的国家，视同加拿大。

（4）根据部长在第（1）款或者第（2）款所指声明中可得设定的例外，本法其他条款也如第（3）款规定方式予以适用。

1997，c. 24，s. 50；2001，c. 27，s. 241.

免　税

不予征税的情形

86.（1）空白录音载体的制造者或者进口者将该空白录音载体出售或者以其他方式处分给代表知觉障碍者的社团、协会或者公司的，本章所设之税不予征收。

退税

（2）第（1）款所指社团、协会或者公司

（a）从制造者或者进口者以外的人购买空白录音载体，以及

（b）在该购买发生之日历年之后首个日历年的 6 月 30 日或者此前，向征收机构提供了该购买证据的，征收机构有义务立即向该社团、协会或者公司支付等额于购买该空白录音载体时所交税款的金额。

存在注册登记系统的情形

（3）根据第 87 条（a）项制定的规章就代表知觉障碍者的社团、协会或者公司的注册登记作出规定的，唯依此注册登记的社团、协会或者公司可适用第（1）款、第（2）款规定。

1997，c. 24，s. 50.

规　章

规章

87. 总督会同枢密院可制定规章

（a）在不影响以上规定一般适用性的情况下，规定第86条的免税与退税，包括

（i）有关规范免税和退税的规章，

（ii）有关免税和退税申请的规章，

（iii）有关代表知觉障碍者的社团、协会或者公司注册登记的规章；

（b）本章规定应当由规章规定的任何事项；以及

（c）为实现本章目的和条款所需的一般事项。

1997，c.24，s.50.

民事救济

追收的权利

88. （1）无损于其他任何可以获得的救济，征收机构可于其经批准的收费标准规定的期限内，根据该收费标准征收应该由其收取的税款；于拖欠税款情形，可经由有管辖权的法院追收该税款。

拖欠税款

（2）法院可命令拖欠本章所规定应交税款之人向征收机构交纳不超过五倍税款的金额。该征收机构必须按第84条规定的方式分配该金额。

指令履行的命令

（3）不履行本章规定义务的，征收机构可于其他任何可以获得的救济之外，请求有管辖权的法院签发命令，指令履行该义务。

考虑因素

（4）根据第（2）款签发命令之前，法院必须考虑：

（a）拖欠税款之人系出于善意抑或恶意；

（b）程序启动前和进行中当事人的行为；

（c）阻止他人拖欠税款的需要。

1997，c. 24，s. 50.

第 9 章　一般规定

除制定法规定外，不存在版权等

89. 除根据本法或者议会法律以外，任何人不得享有版权，但是，本条不得被解释为取消了因违反诚实信用而产生的任何权利或者管辖权。

1997，c.24，s.50.

解释

90. 本法有关

（a）表演者的表演、录音或者通信信号的版权，或者

（b）表演者或者制作者的获得报酬权的规定不得被解释为有损于第 1 章赋予的权利或者版权委员会就该权利设定的版权许可费数额。

1997，c.24，s.50.

遵守《伯尔尼公约》和《罗马公约》

91. 总督会同枢密院应当采取必要措施以确保加拿大遵守

（a）于 1886 年 9 月 9 日在伯尔尼缔结的《保护文学和艺术作品公约》，经 1971 年巴黎文本修订；以及

（b）于 1961 年 10 月 26 日在罗马缔结的《保护表演者、录音制品制作者和广播组织国际公约》。

1997，c.24，s.50.

本法的评审

92. 自本条生效之日起 5 年后以及每个后续 5 年期限届满之时，参议院、众议院或者议会两院将指定或者设立委员会以评审本法。

1997，c. 24，s. 50；2012，c. 20，s. 58.

附表 I

（第 60 条）

既有权利

I 栏 既有权利	II 栏 替代性权利
戏剧和音乐作品以外的作品	
版权	本法定义的版权[1]
音乐和戏剧作品	
兼具版权和表演权	本法定义的版权
独具版权而无表演权	本法定义的版权，公开表演作品或者其实质部分的专有权利除外
独具表演权而无版权	公开表演作品的专有权利，但无包含于本法定义的版权中的其他权利

[1] 就首次发表于评论、杂志或者其他期刊的论文、一般性文章或者其组成部分或者类似作品，该权利受限于作者于 1924 年 1 月 1 日或者于本法尚未通过时，根据作为 1842 年《联合王国成文法》第 45 章的《版权法修正案》第 18 条享有的发表该论文、一般性文章或者其具独立形式之组成部分的权利。

本附表中 I 栏使用的表述具有如下意义：

"版权"就 1924 年 1 月 1 日前并未依据临近该日期之前具有效力的法律出版的作品且其时制定法版权有赖于出版的情形而言，包括普通法上可能具有的禁止出版或者以其他方式处分该作品的权利；

"表演权"就 1924 年 1 月 1 日前并未公开表演的作品而言，包括普通法上可能具有的禁止公开表演该作品的权利。

R. S.，c. C-30，Sch. I；1976 - 77，c. 28，s. 10.

附表 Ⅱ

〔已废止，1993，c. 44，s. 74〕。

附表 Ⅲ

〔已废止，1997，c. 24，s. 51〕。

相关条款

—R. S.，1985，c. 10（4th Supp.），ss. 23 to 27.

有关精神权利的适用

23.（1）如第 4 条所规定，即使创作于第 4 条生效之前的作品，仍得享《版权法》第 14.1 条规定的权利。

限制

（2）如第 8 条所规定，《版权法》第 34 条第（1.1）款所指救济仅适用于第 8 条生效之后发生的对作者精神权利的侵害。

（3）尽管存在第（1）款，且《版权法》第 14 条第（4）款为第 3 条所废止，如第 4 条所规定，不得向下列主体行使该法第 14.1 条规定的权利：

（a）本条生效之时的作品版权人或者被许可人，或者

（b）经（a）项规定的主体授权实施该法第 3 条所涉行为之人，

就（a）项规定的主体系属版权人期间或者许可有效期内所涉事项，该法第 14 条第（4）款规定的权利于该期间内，如同该款并未被废止的情形，继续向（a）项或者（b）项规定的主体行使。

有关计算机程序的适用

—R. S.，1985，c. 10（4th Supp.），ss. 23 to 27.

24. 第 1 条第（2）款、第 1 条第（3）款"计算机程序"定义和第 5 条适用于各款生效日之前开发的计算机程序，但是，1987 年 5 月 27 日之前开发的计算机程序仅因第 1 条第（2）款、第（3）款和本条享有版权的，1987 年 5 月 27 日之前对该计算

机程序实施的任何行为不构成对版权的侵害。

唱片、穿孔乐谱纸卷等的制作

—R. S.，1985，c. 10（4th Supp.），ss. 23 to 27.

25. 任何人于第 7 条生效后 6 个月内在加拿大境内制作唱片、穿孔乐谱纸卷或者声音得据以复制、作品得据以机械表演的其他装置，不视为侵害音乐、文学或者戏剧作品的版权，只要其证明

（a）于第 7 条生效之前，其已经按照临近第 7 条生效之前的《版权法》第 29 条或者第 30 条以及根据该法第 33 条制定的规章，就该作品制作该装置；且

（b）该制作若发生于第 7 条生效之前，则不被视为侵害临近第 7 条生效之前的《版权法》第 29 条或者第 30 条规定的版权。

—R. S.，1985，c. 10（4th Supp.），ss. 23 to 27.

生效之前的侵害

26. 如第 11 条所规定，《版权法》第 64 条第（1）款和第 64.1 条适用于所有被主张发生于第 11 条生效之前、之日或者之后的对版权的侵害。

—R. S.，1985，c. 10（4th Supp.），ss. 23 to 27.

继续任职

27. 尽管存在本法其他条款，根据临近第 13 条生效之前的《版权法》第 68 条任命的版权上诉委员会的成员继续任职，于审理和处置第 14 条生效之前根据该法第 69 条向其提交的任何事项的必要限度内，仍得履行职责和行使职权。

首份经核准的版权许可费收费表

—1988，c. 65，s. 149.

149. 为进一步明确，首份依《版权法》第 70.63 条第（1）款（d）项核准的收费表中的版权许可费于 1990 年 1 月 1 日生效，无论其时该收费表是否经核准。

——1993，c.23，ss.6，7.

过渡：版权许可费的收费表

6.（1）尽管存在《版权法》第 67 条，于 1992 年 9 月 1 日或者此前根据该法第 67 条第（2）款或者第（3）款向版权委员会提交的收费表，

（a）可规定，或者

（b）就版权委员会同意于本法生效后 28 日内提交的修正申请而言，经修正后可规定

自本法生效时起至 1993 年底止的期限内，有关通过远程通信向公众传播音乐剧或者音乐作品的版权许可费的支付，且以版权委员会根据《版权法》第 67.2 条第（1）款以批准的方式予以核准为限，如此提交或者修正的收费表于该期限内有效。

版权许可费不得重复

（2）版权委员会以批准的方式核准了第（1）款所指收费表的，不得再以批准的方式核准任何其他以相同的申请提交的收费表，以此前以批准的方式核准的收费表所设定的相同期限内就相同的行为规定版权许可费为限。

本法不予适用的情形

——1993，c.23，ss.6，7.

7. 本法不适用于在 1991 年 9 月 1 日或者此前根据《版权法》第 67 条第（2）款或者第（3）款向版权委员会提交的有关 1993 年之前任一年度的收费表。

第 10 条修正案的适用

——1993，c.44，ss.60（2），（3）.

（2）如本条第（1）款所规定，根据本法第 75 条第（2）款，《版权法》第 10 条适用于所有的照片，无论其制作于本条生效之前抑或之后。

第 11 条修正案的适用

—1993，c. 44，ss. 60（2），（3）.

（3）除本法第 75 条规定外，

（a）如本条第（1）款所规定，《版权法》第 11 条仅适用于本条生效后制作的装置；以及

（b）临近本条生效前的《版权法》第 11 条仍适用于本条生效之前所制作的装置。

—1993，c. 44，ss. 75 to 77.

某些修正案的适用

75.（1）根据第（2）款，经本法修订的《版权法》有关版权期限的修正案适用于所有作品，无论其创作于本条生效之前抑或之后。

（2）本条生效前作品版权的期限已经届满的，本法的任何规定不得被解释为延长或者恢复了该期限。

—1993，c. 44，ss. 75 to 77.

电影作品

76.（1）除本法第（2）款规定外，根据本法第 75 条第（2）款，经本法修正的《版权法》适用于所有的电影作品，无论其制作于本条生效之前抑或之后。

（2）临近本条生效前的《版权法》第 10 条以其规范照片的作者为限，仍适用于所有制作于本条生效前且于本条生效前以照片的方式予以保护的电影作品。

第 5 条的适用

—1993，c. 44，ss. 75 to 77.

77. 经本法修正的《版权法》第 5 条并未将版权赋予本条生效前的创作，且不能根据临近本条生效前的《版权法》第 5 条享有版权的作品。

—1997，c. 24，s. 18（2）.

（2）如本条第（1）款所规定，该法第 30 条不适用于该条所涉出版于该条生效之前的集合作品。该集合作品仍受临近本法第 15 条生效前该法第 27 条第（2）款（d）项规范。

　　—1997，c. 24，ss. 20（3），（4）.

（3）如本条第（1）款所规定，《版权法》第 38.1 条仅适用于

（a）该款生效日之后提起的程序；以及

（b）该程序所涉侵害发生于该款生效日之后。

　　—1997，c. 24，ss. 20（3），（4）.

（4）如本条第（1）款所规定，《版权法》第 39.1 条适用于

（a）本条第（1）款生效前已经提起但未终结的程序；以及

（b）本条第（1）款生效后提起的程序。

　　—1997，c. 24，s. 22（2）.

（2）第（1）款适用于

（a）本条生效前已经提起但未终结的程序；以及

（b）本条生效后提起的程序。

　　—1997，c. 24，ss. 53 to 58.1.

53. 如本法第 50 条所规定，

按照首份根据《版权法》第 83 条第（8）款（c）项核准的收费标准所设之税，自该项生效后的首个日历年开始之时生效，无论其时该收费标准是否经此核准且在两个日历年的期限内有效。

　　—1997，c. 24，ss. 53 to 58.1.

53.1 如本法第 45 条、第 46 条所规定，尽管存在《版权法》第 67.1 条第（2）款和第 70.13 条，首份根据各条款所规定的收费标准应当于本条生效之年的 9 月 1 日或者此前提交。

　　—1997，c. 24，ss. 53 to 58.1.

54. 为进一步明确，所有于本条生效前根据《版权法》第 5 条第（2）款刊登的公告均被视为经合法作出，并按其所设条件发生法律效力。

—1997，c. 24，ss. 53 to 58. 1.

54. 1《版权法》第 6 条适用于本条生效之日享有版权的照片，只要其作者

（a）如本法第 7 条所规定，系属自然人，且系《版权法》第 10 条第（2）款所指照片的作者；或者

（b）如本法第 7 条所规定，系属《版权法》第 10 条第（1.1）款的所指自然人。

—1997，c. 24，ss. 53 to 58. 1.

55.（1）如本法第 14 条所规定，《版权法》第 2 章应当被解释为取代临近本法第 5 条第（3）款和第 8 条各自生效前的《版权法》第 5 条第（3）～（6）款和第 11 条。

（2）如本法第 14 条所规定，《版权法》第 2 章赋予的权利不得被解释为削弱了制作于本法第 5 条第（3）款和第 8 条各自生效前的唱片、穿孔乐谱纸卷或者声音据以复制、作品据以机械表演的其他装置，依据临近本法第 5 条第（3）款和第 8 条各自生效前的《版权法》第 5 条第（3）～（6）款和第 11 条所享有的权利。

（3）以上版权的转让或者利益的授予

（a）如本法第 14 条所规定，发生于《版权法》第 2 章生效之前，以及

（b）由作为自然人的录音制作者作出的，

《版权法》第 14 条第（1）款、第（2）款根据情况需要作出必要修改后仍适用于该转让或者授予，该录音及其制作者视同各款所指作品及其作者。

—1997，c. 24，ss. 53 to 58. 1.

56. 本法任何规定不得被解释为削弱了临近本法第 12 条生效之前的《版权法》第 14. 01 条赋予的权利。

—1997，c. 24，ss. 53 to 58. 1.

57. 为进一步明确，《版权法》修正案对"不列颠属民"和"女王陛下的领土和属地"的删除并不影响临近各修正案生效之

前加拿大境内已有的版权或者精神权利。

—1997，c.24，ss.53 to 58.1.

58. 本法任何规定不得被解释为恢复了本条生效之前已经到期的版权。

—1997，c.24，ss.53 to 58.1.

58.1 任何于1996年4月25日之前签订的转让权利或者以许可授予版权或者获得报酬权中的利益的协议，不得被解释为转让或者授予了首次由本法赋予的权利，除非该协议明确约定了该转让或者授予。

—1997，c.24，ss.62，63.

生效

62.（1）下列条款自1996年6月30日起生效或视为有效：

（a）如本法第1条第（5）款所规定，《版权法》第2条关于"独占发行者""教育机构""图书馆、档案馆或者博物馆"的定义；

（b）如本法第2条所规定，《版权法》第2.6条；

（c）如本法第15条所规定，《版权法》第27.1条；

（d）如本法第28条所规定，《版权法》第45条。

（2）尽管存在第（1）款，第（1）款（a）项所指"独占发行者"定义于自1996年6月30日起至本法被批准之日后60日止的期限内，应当作如下解释：

"独占发行者"是指，就某图书，某人于本定义生效之前或之后，经该图书在加拿大的版权人或者独占被许可人的书面授权，

（a）成为该图书在加拿大或者加拿大某地区的唯一发行者，或者

（b）就特定的市场领域成为该图书在加拿大或者加拿大某地区的唯一发行者。

（3）尽管存在第（1）款（d）项，如本法第28条所规定，

《版权法》第 45 条第（1）款（e）项于自 1996 年 6 月 30 日起至本法被批准之日后 60 日止的期限内，应当作如下解释：

（e）进口任何经复制品制作地所在国的版权人许可而制作的二手图书的复制品。

—1997，c. 24，ss. 62，63.

63.（1）如本法第 15 条所规定，于自 1996 年 6 月 30 日起至本法被批准之日后 60 日止的期限内，本法第 62 条第（2）款所指意义上的独占发行者、版权人或者独占被许可人无权获得《版权法》针对其第 27.1 条第（1）款或者第（2）款所指侵权行为赋予的救济，除非

（a）如本法第 15 条所规定，在侵权行为发生之前，依其具体情形包含下列内容的书面通知已送达该法第 27.1 条第（1）款或者第（2）款所涉主体：

（i）在加拿大境内存在该图书的独占发行者，且

（ii）该法第 27.1 条自 1996 年 6 月 30 日起生效或视为有效；并且

（b）如本法第 15 条所规定，于该法第 27.1 条所涉侵害，该救济仅适用于该期限内进口的图书，且该图书须于本法被批准之日系属该法第 27.1 条所指主体的库存。

（2）独占发行者、版权人或者独占被许可人无权向教育机构、图书馆、档案馆或者博物馆主张第（1）款所涉救济。

（3）为进一步明确，本条第 62 条第（2）款所指期限的届满，不影响独占发行者继续该期限内合法提出的法律程序的权利。

适用

—2004，c. 11，s. 21（4）.

21.（4）第（1）款适用于 1999 年 9 月 1 日或者此前或者该日期任何时间存放于档案馆的未发表作品。

—2012，c. 20，s. 59.

照片的版权不予恢复

59. （1）照片的版权于第 6 条生效时已到期的，并不因第 6 条废止《版权法》第 10 条而被恢复。

公司被视为作者的情形

（2）临近第 6 条生效之时，公司因第 6 条生效前的《版权法》第 10 条第（2）款被视为其时享有版权的照片的作者的，该照片的版权在《版权法》第 6 条、第 6.1 条、第 6.2 条、第 9 条、第 11.1 条或者第 12 条所规定的期限内仍然存续，如同除第 10 条第（2）款规定以外，照片的作者应为个人的情形。

个人视为作者的情形

（3）个人因第 6 条生效前的《版权法》第 10 条第（2）款被视为照片的作者的，就《版权法》而言，其于第 6 条生效后仍系该照片的作者。

雕刻、照片或者画像

—2012，c. 20，s. 60.

60. 临近第 7 条生效前，《版权法》第 13 条第（2）款仍适用于第 7 条生效前且其印版或者原型来自委托的雕刻、照片或者画像。

版权不予恢复

—2012，c. 20，s. 61.

61. 如第 17 条所规定，《版权法》第 23 条第（1）～（2）款生效时已到期的表演者的表演或者录音的版权或者获得报酬权，并不因各款生效而被恢复。

—2012，c. 20，s. 62.

诉讼时效期间

62. （1）如第 49 条所规定，《版权法》第 43.1 条第（1）款仅适用于审理该条生效后发生的作为或者不作为的程序。

前诉讼时效期间仍然适用

（2）临近第 47 条生效前的《版权法》第 41 条第（1）款适用于审理该条生效前发生的侵害的程序。

版权不予恢复

82. 如第 81 条所规定，《版权法》第 23 条第（1）款（b）项、第 23 条第（1.1）款生效时已到期的录音或者固定在录音中的表演者的表演的版权或者获得报酬权，并不因各条款生效而被恢复。

尚未生效的修正案

—2014，c. 20，s. 366（1）.

其他立法中"trade‑mark"的替换

366. （1）除非上下文另有要求，议会立法的英文文本中的"trade‑mark""trade‑marks""Trade‑mark""Trade‑marks""trade mark"和"trade marks"，根据具体情况替换为"trademark""trademarks""Trademark"或者"Trademarks"，本法和《商标法》除外。

后　记

　　为了学习加拿大版权法律制度，也为了填补国内没有中译本《加拿大版权法》的空缺，2003～2004 年在加拿大渥太华大学访学期间，经与指导教师迈克尔·盖斯特（Michael Geist）教授商量，我着手翻译了《加拿大版权法》。主体翻译工作在 2004 年上半年即已完成，回国后又经修改、联系出版等事宜，加之其他生活琐事迁延，直到如今，才算"完工"。但愿本译文的出版，能够为国人了解加拿大版权法律制度以及当前的著作权法修订工作提供一些有益信息。

　　法律翻译本非易事，法条翻译更是艰难。以前"只看不译"时，总有种"指点江山、激扬文字"的豪迈感，真正"译过"后，却发觉，内心更多的是种"战战兢兢、如履薄冰"的谦卑感。其中之犹疑、担心甚至煎熬已不足为外人道矣。所幸的是，翻译之时，恰逢人在渥京，身边伴有语言学、通信、计算机等多个专业的访问学者，常能为我解惑释疑，尽量选用较为专业又不生僻的措辞，也能就某些法条背景请教当地法学教授。即使如此，因译者水平所限，译文仍不免误译甚至错译之处，恳请各位方家同仁批评指正！

　　《加拿大版权法》中译本的出版，有赖于多方的帮助与努力。在此，真诚感谢盖斯特教授，为我提供生活便利、学习指导的同时，还拨冗为我撰写了"加拿大版权法介绍"，以作本译文序言；感谢为我提供过专业咨询的诸多渥京"访友"以及西南政法大学的法律英语老师；特别感谢知识产权出版社所提供的出版机会，尤其是李琳女士的亲自安排、卢海鹰女士的热情接洽与宝贵建议、王玉茂先生的辛勤付出，终使本译文得以"面世"。

易健雄

2016 年 12 月 9 日